もくじ

序章

＊ペンを執るにあたって……9
＊もう一つの大きな理由……10
＊人間の生活も自然現象の一部……13

第一章　家庭と家族が必要な理由

一　子育ては人材教育……17
二　子育ては人格形成の基礎を成す……20
三　知識より先ず試してみる子育てを……21
四　「自己進化」のチャンスを摑む……24
五　ピンチをチャンスに進化させる……26
六　進化の一歩は命に対する倫理観……28
七　前向きに生きる事が「自己進化」……31
八　胎内記憶との出会い……33
九　親の気持ちが理解できた時……35
十　「自己進化」の証……38

十一　蘇った生命力……39

第二章　親と子の魂の繋がり

一　持って生まれた性格……43
二　妊娠中の境遇を証言する子供達……48
三　「胎境」を知れば子育ては変わる……52
四　妊娠中の母親と子供の生き方……53
五　自己進化は遺伝子の演出から……56
六　遺伝子の素晴らしい働き……60

第三章　子育てはＤＮＡを変えるチャンス

一　母親の今の生活や感情を表す子供……67
二　親の過去や現在を表す子供……70
三　親が進化した時子供が変わる……72
四　母親を通しての父親・その他の人……74
五　母親だけの問題ではない境遇……77

六　否定から始まった人生……79
七　マイナス感情を進化させるには……82
八　お産に現れる日々の心理状態……84
九　お産の秘訣をお教えしましょう……89
十　お産は人生の通過点……91

第四章　遺伝子を変える子育て

一　子供を干渉し過ぎた私……95
二　子育てはメダカの学校……97
三　親も子も共に進化する子育て……99
四　喜んでする子育ての結果とは……102
五　男でも女でも喜んで……106
六　己が生かされている目的……108
七　一歩一歩を積み上げて生きる……110

後書き……113

人生を切り開きＤＮＡを変える自己進化の勧め

子育てで遺伝は変えられる

序章

＊ペンを執るにあたって

二〇一五年二月二〇日、川崎の中学生が遊び仲間から殺害されるというショッキングな事件が大きな波紋を呼びました。同年二月五日、和歌山では小学五年生の少年が同じ町内に住む青年に殺害されました。また女子学生が友人を殺害した事件など毎日のように殺人事件が報道されています。そして秋葉原通り魔殺傷事件の判決も下されました。

最近では、児童虐待や家庭内暴力による家族の間での痛ましい事件の報道も連日のように繰り返され後を絶ちません。

そんな中で、あるテレビ番組のキャスターが「こんな事件を次々に生み出す何か原因となる社会的な背景があるのでしょうね」と疑問を投げかけていました。この言葉がペンを執るきっかけとなりました。

なぜなら私自身が三十数年という年月を掛けて実験というべき試みの生活を積み重ねてきました。更にその結果を分析してまとめた結果、『人生を切り開き、DNAを変えることができる』という結論を得ることができたからです。

更には二十年余り関わってきた子育て支援活動の中で出会った多くの方々の実体験を見聞して得た結果を分析することにより、『人生を切り開きDNAを変えることができる』確かな対処法を得ることもできました。それをジグソーパズルのピースを組み合わせるように整理していくと、驚くべき事が見えてきたのです。

家庭内での様々な問題を引き起こす原因が浮き上がり、現代社会が抱える多くの問題や悲惨な事故や事件のその対処方法も明らかになってきたのです。

これまで考えも及ばず、誰も言うことさえなかった重大な事実です。反論や否定論も勿論あるでしょう。全て想定した上で覚悟を持って今ペンを執ることにしました。

＊　もう一つの大きな理由

時間は止めることはできません。過去も変えることはできません。自分の置かれた環境もまた容易に変えることはできません。しかし人生はやり直しはできなくても、失敗や間違いから学ぶ事ができるのが人間です。
宿命は変えられないけれど、運命は切り開けると言われます。では具体的にどうしたら失敗や過ちを活かして運命を切り開くことができるのか？　今一度私自身に問いかけ、更に多くの皆さんと共に「自己進化」する喜びを分かち合いたいと思うのです。

人間には考える力があります。学ぶ力もあります。そして受け入れ難い環境でさえ適応する能力を持っているのです。最近の大きな自然災害のたびに、悲しみや苦しみを乗り越え生きぬく姿を多くの被災者が私達に見せてくれています。

人類は数百万年も前から大きな環境の変化に何度も遭遇し、どんな厳しい環境にも適応して生き残るために進化し続けてきた歴史があります。誰もがこの「適応能力と進化する能力」を遺伝子情報（ＤＮＡ）に持っているのです。

しかし、適応能力を発揮して進化する生き方を選択する人、反対に適応能力が自分にある事さえ気づかず嘆き投げやりの人生を生きる人、どちらの人生を選択するかはみな自分自身が決めているのです。

人間の身体は六十兆個もの細胞から作られ、ＤＮＡはその細胞一つひとつに記号化されて記録されているそうです。

二〇〇三年にはその全ての記号（ヒトゲノム）が解読されました。それによって個人の遺伝情報も詳しく解読判明ができるようになりました。

親から受け継がれた遺伝情報に、更に生きた過程での情報を加えて、子供へと伝えられる個人の遺伝子情報がＤＮＡです。だから一人として全く同じ情報を持っている者はあり得ません。したがってたとえ髪の毛一本からでも一個人の特定ができるわけです。

更に近年は目覚ましく遺伝子診断が進んできました。妊娠中のお母さんの羊水を調べる事で、お腹の赤ちゃんの診断さえできるようになったのです。しかし出生前診断は命の選別にもなり兼ねない判断を迫ることにもなり、倫理的な視点から是非が論争されています。

この遺伝子診断の結果から乳癌の発症率78％と告げられたハリウッド女優アンジェリーナ・ジョリーが、左右の乳房の切除手術を受け更に二年後には卵巣や卵管の切除手術も受けたと公表しました。

世界中の人々が医学の進歩に驚いた反面、癌の予防対策とはいえ、健康な体にメスを入れ体の一部を切除する事を選んだ彼女の決断にも驚かされました。

彼女は、俳優活動と共に慈善活動を続ける六人（養子三人を含む）の子供の母親です。社会貢献的な意味も含めての決断だったのでしょう。当時は夫である俳優のブラッド・ピットも、彼女の選択を絶賛している事にも驚きました。

彼らを批判する気持ちは全くありません。しかし、莫大な経済力の無い一般庶民の私達にもできる、遺伝子情報（ＤＮＡ）を変え病から身を守る確実な予防対策や対処法は無いものでしょうか。

病気に限らず日常生活の中で起こり得る様々な遺伝的な不都合や困難に対する予防策や対処法があると知ったならば、どんなに心強く安心できることでしょう。

その対処法として、私自身の実験と体験の結果から「自己進化」する事。これを今こそ多くの皆さんにお伝えしたい。そんな強い思いを起こさせた、この報道もまた私にペンを執らせた大きな出来事でした。

＊　人間の生活も自然現象の一部

人間はこの地球上で、多くの植物や動物と共に自然現象の一部としてその時々を生きてきました。そして現在の生活も自然現象の一部として生きているにすぎません。

地球の自然環境も人間の生活環境も常に変化し続けています。その変化を受け入れて人間はその時々の環境に適応すべく進化を遂げて、今も進化を続けているのです。

その過程の中で様々な人間社会のルールとして法律や生活習慣や文化が生まれ、科学や医学の進歩も積み重ねられてきました。

これこそが本能のままに生きている他の動物と、自ら考えて自ら進んで進化適応してきた人間との大きな違いと言えます。

ところが最近よく適応障害とか発達障害という言葉を耳にします。人間が自ら持っている適応能力や進化する力がある事さえ知らずに、頑なに適応する事も進化する事も拒み続け、心までも閉ざしてしまっている姿を言い表しているように感じます。

積極的にその時々の環境に適応し進化する努力ができる人と、反対に適応も進化も拒み続ける人の違いはどこにあるのでしょうか。それも含めてこれから話を進めていきましょう。

しかし私は高度な専門的知識を学んだわけではありません。義務教育を受けただけで、ごくごく一般的な一人にすぎません。

多くの皆さんと違っているのは、日常の生活の困難な事に出会った時、初めは右往左往するのですが、暫くすると「どうして困難が起きてきたのか?」を探し考えてきました。また困難が解決して嬉しい時にも「どうした時に解決したのか?」というふうに原因と結果の関係を探究し続けてきました。

これは私が長年、学校給食調理の現場に関わってきた事が影響していると思われます。給食調理の現場では、食中毒や異物混入などの事故を繰り返さないために、徹底して事故原因を究明して改善策を行います。

その影響からでしょうか、生活の中で起きる問題や、子育ての中での問題も全て原因となることが必ずある。それが複数の場合でも原因となることが改善されなければ、根本的な解決はできないと思っています。

そして三十数年に及ぶ私自身の原因究明と改善策を、多くの出会いによって学びました教えられ、それを実験するように試してみる。その結果を分析しては積み重ねてきました。

そして、子育て支援活動の中で出会った多くの皆さんの子育ての悩みや困難とも、正面から共に向き合って共に改善策を探し試してきました。これも、私自身ができない多くの事例の原因とその改善の結果を確認できた貴重な経験でした。

私達はどうしても、自分の経験や価値観だけの狭い視野や、短期的で部分的な見方をしてしまいがちです。また自己中心的であり、感情に振り回されてしまいがちです。

しかし当事者でない私からは、相談される人の事情や感情が冷静に客観的に捉えられ、その人の困難の原因は何か、解決した原因はどこにあるのかがハッキリと浮かび上がって見えてくるようになりました。

地球は、太陽の周りを決まった軌道とスピードで自転をしながら止まることなく動き続けています。その地球上で自然現象の一部として繰り返される人間生活です。家族を始めとする多くの人と関わり合い、物や自然環境と関わり合いながら生活しています。その生活を客観的に観察し分析する事を繰り返していると、自然の摂理とも言えるルールがある。そんな事が次第に見えてきて更に確信が持てるようになりました。

例えば車を運転する際には、自分ばかりでなく相手の安全を確保するための交通ルールがあるように、人間生活においても、自分にとっても周囲の人にとっても生きにくさを無くすための対処法が、次第にハッキリと捉えられるようになってきました。

更に実験ともいえる試みを繰り返してきた結果、対処法として次第に確立してきたのです。その確かな対処法は「自己進化」することです。

第一章　家庭と家族が必要な理由

一　子育ては人材教育

人間は多くの動物の中でも、最も未熟なままで産まれてくると言っていいでしょう。生後二～三年は生命維持の全てを親や家族（時にはそれ以外の人に）委ねて生命を維持していきます。生後五～六年経っても、ようやく日常生活の一部ができるまでにしか成長できません。

また晩年の生活も終焉の後始末も、他の動物は食物連鎖の一部となり死後の身体は自然に還ります。しかし人間に限ってそうはいきません。家族や親族や他者の手を借りなければ、終焉も死後の身体の後始末もできないのです。

人は産まれて暫くは何の心配も無く、家族や親族に育てられ成長します（様々な事情で他者のお世話を受ける場合もありますが）。そして育ててもらった行為をお返しするような行為を意識しないままに、ごく自然に当たり前に家庭内で行われてきました。

それは多少の葛藤があっても、家族や両親の老後のお世話という形となり、更には看取りや葬儀、その後の供養も当たり前のように繰り返されてきたのです。

言い換えれば、産み育ててもらった恩を返す行為が無意識の内にこれまで家庭生活の中で生活習慣となって繰り返されてきていたのです。

親が子に対して注ぐ愛情はどの動物にも見られます。しかし産み育ててもらった恩意識を、家庭生活の中でお返しする生活を繰り返しているのは人間だけなのです。これこそが他の動物と人間の一番の違いです。

その家庭という小さな集まり、つまり夫と妻との横の関係があり、その上には両親や祖父母がいます。下に向かっては子供達や孫と縦の組織形態があります。会社組織もその他全ての人間社会の組織は家庭と同じ縦と横の組織構造なのです。

つまり家庭が核となって人間社会の組織が成り立っている事は、改めてここで言うまでもありません。

更に家庭があり家族があって初めて培われる人間性や感情や信頼関係は、その後の人生において出会う様々な人間関係の原点となって、日常生活や全ての人間社会を支えていきます。

しかし近年では、合理性とか個々の都合を優先させる余りに、家庭内での家族関係も希薄になり、家庭の機能そのものが失われつつあります。それに危機感を持っているのは私だけではなく、大勢いる筈です。

その家庭生活の中で大きな比重を費やす子育てに、私は長年注目し続けてきました。子供は身体の成長と共に、人間社会の中で生きていくための協調性や自らの役割や、人間らしい道徳心や倫理感といった内面的なものの多くを家庭内で身に着けていくからです。

視点を変えれば、子育ては単なる我が子を育てるだけの行為ではなく、自分の老後の家庭を支える人材育成であり、更には将来の地域や国を支える人材の育成でもあるのです。

これは決して大袈裟ではなく、冷静に考えれば誰にでも理解ができる事です。幼い我が子への愛情だけでなく、心の片隅にほんの少しでも将来の国を支える人材を育てているといった認識が有るか否かでは子育てに大きな差が出てくるのは必然です。

いくら国の社会保障制度が充実しても、申請して初めて助けの手を差し伸べてくれるのが社会保障である事を忘れてはいけません。家族や親族以外には三百六十五日二十四時間心を掛けてくれる人はいないのです。

しかもその社会保障さえ、人間社会を支えるべく働き手となる人材を育ててこそ、初めて成り立つ制度なのです。それが現在超少子化という大きな社会問題となっている事は周知の通りです。

国民の権利を主張する前に、国民として果たすべき役割を行わなければ、家庭も地域も、もちろん国という人間社会そのものの維持が危うくなるのは当然と言えます。

そう言う私自身も実は、そんな認識は殆ど無い子育てをしていました。そんな私の『自分の老後をお願いする人・将来の国を支える人材を育てている』と認識を持ってからの子育ては、やり甲斐や誇りを持って、喜んで行うことができるように「自己進化」していったのです。更には私の子育てを大きく進化させることになりました。

二　子育ては人格形成の基礎を成す

数年前に川崎で、マンションの基礎工事が手抜きだった事実が判明し、建て替える結果となり大きなニュースとなりました。住民の皆さんの心労はどれ程だったことか。莫大な費用と時間を費やした事が連日のように報道されました。

同じように家庭内での子育ては、人間性の基礎を創り上げる大切な過程なのです。後で気づくより、「三つ子の魂百まで」の諺があるように人格形成の基礎になる大切な時期と認識しての子育てをするならば、社会全体がどれ程素晴らしくなることか、その可能性は計りしれません。

家庭内で産まれ育ち培われた性格や人間性が、そのまま学校などの集団生活や社会人として、更には結婚後の家族関係や夫婦関係や親子関係にまで、あらゆる人間関係に遺伝子情報（ＤＮＡ）としてダイレクトに影響している事を、私の体験や何人かの方の体験という事実を挙げてお話ししています。個人のプライバシーに関わる場合もありますので、多少手を入れた部分はお許しください。

三　知識より先ず試してみる子育てを

子育てはいつの時代も大変です。産まれて三ヶ月は昼夜の別も無く三～四時間おきに授乳が必要です。ハイハイやよちよち歩きが始まると目が離せなくなります。行動範囲が広がるのと比例するように、怪我や病気や事故と予期せぬ事態が生じてきます。更に学校での成績や友達関係、社会人となってからでも、就職や結婚と我が子の心配は生涯尽きる事はありません。

その反面、親として我が子の成長は何ものにも優る喜びであり生き甲斐ともなります。

戦後は核家族化が急速に進みました。それに伴って孤立した子育てが増えてきました。少子化が進み一人っ子や数少ない兄弟姉妹や家族の中で育てられている子供達が圧倒的に多くなりました。

離婚や様々な家庭事情で片方の親だけで育てられている子供達が急増している現実もあります。それが良いか?悪いのか？　そんな論議よりも、現在どれ程の親達が子育てに困り抜き、打つ手も解らぬまま迷っていることか。

子育てに自信を無くし自分を責め続けて鬱状態になっている親。打つ手も無いまま嘆き続けている親。反対に開き直って投げ出してしまう親。自暴自棄になって最悪の形になってしまう親。子育て中の親と、子供達の悲しいニュースは後を絶ちません。

甘えて癒される場であるはずの家庭には、心の居場所を見つけられず街にさまよい続ける子供達。反対に家庭や部屋に閉じこもってしまう子供達も増え続けています。

この状況をただ見ている事ができなくなりました。勿論私がどうにかできるものではない事も解っています。

そんな私ですが、六人の子育てによって掴んだ経験と事実が沢山あります。正直なところ私の子育て体験は、数々の失敗と反省と試みの繰り返しでした。その中から掴んだ事実を皆さんにお伝えする事で、私自身もこれまでの人生の整理をして、更なる自己進化に繋げたいとの思いもあります。

これから私がお話しする内容は、これまでの教育評論家や心理学者の研究や調査との決定的な違いがあります。それは母親である私自身が、悩み迷い失敗の中から、実験とも言う試みを繰り返し、結果を分析し続けた研究者でもあるという事です。

ですから、これからお話しする私の実体験は、母親である皆さんは必ず腑に落ち納得できるはずと自負しています。

そして皆さんには、私の実験体験を是非試して頂きたいと願っています。子育ては知識や学問ではなく、試してみて初めて結果が出て解る事が沢山あります。

多くの皆さんが子育てを通し「自己進化」される事を願い、そして貴方やお子さんの人生が必ず切り開かれる事を信じペンを進めます。

四　「自己進化」のチャンスを掴む

三十数年前の私は、相談する人も助けを求める人も無く孤立した生活でした。そして迷いと不安だらけの子育てをしていました。

そんな私に救いの手を差し伸べてくれた人がいました。その出会いによって私は、子育ての相談や人生の相談をいつでも受けられるようになりました。

人として生きるという事や、妻や母として更に子育てとは何かなど、それまで考えもしなかった事を教えられ、そして考えるようになりました。

その出会いはその後の私の人生ばかりか、我が家と子供達の人生までも大きく変えるターニングポイントとなったのです。

誰にでも救いの手は必ず差し伸べられているものです。ただし初めは差し伸べられた手に気づかずにいたり、反対に疎ましく思ったりするものです。

人の弱みに付け込む人もいますから用心深さは必要です。しかし自分の殻を打ち破り、新たな出会い無くして「自己進化」できるものではありません。

誰だって自分の考えや価値観で物事を判断しがちです。ですから堂々巡りになってしまうのです。だからこそ感情に左右されない他人の客観的で冷静なアドバイス、時にはカンフル剤のような強い指摘や忠告が必要なのです。

行政が行っている様々な子育て支援活動、NPO法人の子育て支援活動、民間の社会教育団体の支援活動から、個人の子育てサークル活動と身近なところに子育てを支援してくれる活動は沢山あります。

孤独な子育ては親にとっても育てられる子供にとっても良い結果にはなりません。だから困った時こそ勇気をもって出会いを求める事をお勧めします。

子供はロボットでも人形でもありません。親自身もまた感情がある人間なのです。子育てはマニュアル通りにはいきません。育児書通りにならないものです。

核家族化が進み親や祖父母に対して余計な気を使わなくなった分、困った時に助けて相談できる家族もいなくなってしまいました。

子育てが孤独で孤立しがちな現在です。だからこそ子育て中のお母さんは、理解してくれる仲間や相談できる先輩達を求める事をお勧めします。

勇気を出して外に目を向けて、勇気を出して心の扉を開き一歩踏み出して新たな出会いを求めましょう。

そして子育てを親自身が人間とし「自己進化」する絶好のチャンスにしましょう。

五　ピンチをチャンスに進化させる

私は二十四歳で長男を出産しました。当時は夫の仕事も安定せず、洋裁の技術を活かして子育てしながら内職をして補い、何とか生計を立てていました。

ところが夫が思わぬ病気になってしまいました。しかも「ご主人の病気は完全には治りません。一生涯抱える病と覚悟してください」と医師に宣告されたのです。それは私にとって「一生涯幸せにはなれません」と宣告されたようなものでした。

治らない病の夫を生涯抱えて、入院治療費から生活費の全てを、幼い子供を抱えた私は、どうやって生きていけばいいのか先が見えず困り果ててしまいました。

親の反対を押し切って結婚した私は、助けを求める事もできず絶望的な状態でした。

そんな時に救いの手をさし伸べてくれた出会いがあったのです。それは長男を預かってくださっていた保育園の担任の先生でした。更に生活指導までしてくださる一人の助産師を紹介してくださいました。この助産師との出会いがその後の私の人生と我が家の生活を大きく変えるターニングポイントになったのです。

生活指導と称する個人相談では、私のそれまでの苦しい胸の内をとことん聞いてくださいました。それだけでも本当に救われる思いでしたが、その後の一言に私は驚きました。

「ずいぶん苦労されてきましたね。しかし貴方のこれまでの努力や生き方は向かう方向が間違っていましたね。これまでの生活を見直して一つ一つ改善していきましょうね。必ず幸せになれますよ」ときっぱりと言い切られたのです。その自信に満ちた言葉と態度に私は驚き以上に勇気づけられました。

「これまでの生活と努力が間違っている。正していけば解決できる」とハッキリと指摘されたという事は、正すべき方向がはっきりと解っているという事です。

医師の宣告で闇に突き落とされた私にとって、それは一筋の光明が差し込んだ様な嬉しく力強い言葉でした。

どうにもならない時は立ち止まり、それまでの生き方を振り返ってみましょう。そんな時は感情が入らない第三者の忠告やアドバイスが必要です。

ピンチをチャンスに変えるには、他人の客観視が必要です。またカンフル剤の様な忠告も必要です。そして得た新たな見方や対処法が必ずや「自己進化」の始まりになります。

六　進化の一歩は命に対する倫理観

初めて生活相談を受けた時のことでした。一冊の本をくださいました。それはお産の本でした。しかし一般的な医学書とは全く違う内容の本でした。『無痛安産の書』と題されたその本には、妊娠中の心構えや日常生活が具体的に書かれていました。

昭和二十四年に出版された本で、ちょっと古臭い文章ではありましたが、繰り返しじっくり読んでいくと全てが腑に落ち納得できる内容でした。

その本の真っ先に「子供は自然の恵み」と書かれていました。子供は作るものではなく必要な時に必要な命が授かるというのです。

確かに子供は、男女にしても産まれる時期も時間もこちらの願い通りになりません。これこそが作るのではなく授かり物の証ですとはっきり書かれていました。

それまで私は「子供は夫婦で作る。都合によっては作らない」これが医学の進歩であると考えていました。更に子育ては母親である自分を犠牲にし、経済的にも大変と決めつけていました。その傲慢ともいえ身勝手な考えの自分に初めて気づきました。

この本を繰り返しじっくり読んでみると、更に考えさせられました。死にたくても死ねない人もいる、反対に生きていたくても生きられない人もいる。生死は自分の身体でありながら自由にならず「人間は生かされて生きている」としか言いようがないとも思えてきたのです。

「貴方のこれまでの生活は間違っていました」と言われた私でしたが、最初に気づいたのは「命（子供）は作るもの。要るか要らないは親の勝手。自分の命も自分の勝手」という命に対する身勝手で傲慢な考え方をハッキリと自覚できたことでした。

更に女性としての働き、出産や育児や毎月の生理さえ嫌がってきた自分に気づきました。今にして思えば、この気づきこそが私の「自己進化」の始まりだったのです。

医学の進歩は遺伝子検査といい、ｉＰＳ細胞による再生治療といい、驚くばかりの進歩です。妊娠は精子と卵子の結合という医学的なメカニズムは今や誰もが知っています。しかし大多数の人が私と同じように「子供は作る」と錯覚し、又生かされて生きているとは考えていないのかもしれません。

命を物のように取り扱う殺人事件は後を絶ちません。世界に目を向けても、テロリストへの制裁や報復も、正義を振りかざした尊い命の殺し合いが現実です。

様々な事情で要るか要らないが選別される命。優劣をつけ選別される命。正義と悪で選別される命。この命の選別は全て一方的な考えや都合で選別されているのです。

命に対する道徳心や倫理観が、ほぼ世界的に見失われているのが現状なのです。

ノーベル賞を受賞された折に、山中伸弥教授は、「倫理的な対応と共に医学の進歩がなされなければいけない」と提言された事は多くの皆さんも記憶されているでしょう。

私は生命尊重活動を通して、筑波大学名誉教授の村上和雄先生と何度かお会いする機会がありました。教授は著書や講演会でも繰り返し強調されています。

「ノーベル賞級の学者が何人集まっても人間は大腸菌一個、カビ一つ創り出す事は出来ない。だから命は大自然からのギフトであり体は借り物だと考えるしかない」と。

また、ドイツのヴァイツゼッカー元大統領の言葉が思い起こされます。「過去に目を閉ざす人は現在に対しても盲目になる。非人間的な行為を記憶しようとしない者は同じ危険に陥りやすくなる」

過去の自分を振り返り命に対する倫理観を見つめ直す事が私にとっては「自己進化」の第一歩でした。

七　前向きに生きる事が「自己進化」

三十五年前のある日の事、私は一人の御婆さんに誘われて水子供養に行くことになりました。私には水子はいませんでした。しかし医師から見放された夫の不治の病が治るのならば「水子供養だって何だってやります」そんな心境でした。

私は新潟の山村で第一子として生まれました。母は悪阻の酷い人で、農家の嫁は大事な働き手でしたから、折角授かった命も農作業の忙しさを理由に諦めねばならなかったそうです。

夫も長男です。敗戦後は誰もが食べて生きていくことに精一杯でした。姑もまた授かった命を生活のために諦めるほかなかったといいます。

母も姑も生きていくためには仕方のない選択でした。その母と姑に変わり水子供養を図らずも私がすることになったのです。供養の読経を聴きながら、私はふと考えました。

「もし私が母のお腹に宿る順番が違っていたなら」「もし夫が姑のお腹に宿る順番が違っていたなら」私も夫も間違いなくこの世に生を受けることなく闇に葬られていた

のです。

今まで考えたことも無かった、私や夫に弟か妹が確かに存在していたのです。産んでもらっていたならば、彼らだって精一杯生きたかったに違いありません。しかし一方的に闇に葬られ忘れ去られた存在でした。

更に私はわずかひと月前に、不治の病と宣告された夫との生活を憂える余りに真剣に死を考えました。しかし幼い長男を道連れにはできず、生きていくことも死ぬこともできずに苦しみました。

今は確かに幸せとは言えず苦しいけれど、私は産んでもらって今も生きている。産んでもらう事もできず闇に葬られた存在の私や夫の兄弟の気持ちを想像したら、「苦しいから死んでしまいたい！」とはなんと身勝手な言い分かと思えました。

すると突然、産んでさえもらえぬ彼らに対し申し訳なさが込みあげてきたのです。流れる涙の中で私はごく自然に「産んでさえもらえず無念だった貴方達の分も、これから一生懸命生きるからね」「もし貴方達がこれから私の子供として、私のお腹に宿るならどんな事をしてでも必ず産んで育てるからね」と彼らに話しかけ約束していました。

それは私の生命観が変わり、生きる姿勢が変わった大きな出来事でした。会う事さえできなかった私や夫の兄弟姉妹が、命の大切さや生きる姿勢の大切さを私に教えてくれた、そんな気がしました。

苦しみから逃げ出したいあまりに死さえ覚悟した私でした。一度捨てる決心をした命です。「死ぬ覚悟があるならできない事はない！　ならば前向きに精一杯生きていこう」と「自己進化」して生きる姿勢が大きく変わった瞬間でした。

八　胎内記憶との出会い

あの日から二十年余り過ぎて「胎内記憶」を調査研究されている産婦人科医の池川明先生との出会いがありました。

先生は横浜市で「池川クリニック」という産婦人科医院を開業されていました。一九九九年に「胎内記憶」の存在を知りました。それからクリニックを訪れるお母さんやお子さん達にヒアリングを始めたそうです。

二〇〇二年には、長野県の諏訪市と野尻市で、全ての保育園児にアンケート調査をされました。結果は三二％の園児が胎内記憶を、二一％もの園児には誕生記憶があることが判りました。その後も精力的に胎内記憶の調査研究を続けられていらっしゃいます。

その結果から、子供は「親を選んで親を喜ばせるために生まれてきている」という驚きの結論を得られたのです。

母親がこの事実を知っていたなら、子育てが素晴らしく変わるに違いないと、現在数多くの本を出版されています。そして講演活動も数多くされ「子育てを変えたい」と今も精力的に活動されています。

二〇〇八年には『ママ、さよなら。ありがとう』という本を出されました。「天使になった赤ちゃんからのメッセージ」というサブタイトルが付けられています。

この本の中で、流産や死産や時には中絶という形で天使になった赤ちゃん達の驚きの証言が紹介されています。

お母さんやお父さん、家族や周囲の人に命の尊さを伝える役割を果たすために、自分が天使になる事を選んでお母さんのお腹に宿ると言うのです。

そうだとしたら、私や主人の天使になった兄弟達は、まさしく命の大切さや、精一杯生きる事の大切さを、私や家族に教えるための存在だったということになります。

それをあの水子供養で感じ取れた事は、単なる偶然だったとは思えません。そのきっかけは夫の不治の病という人生の大ピンチでした。あの苦しい時に救いの手を差し伸べて下さったのが、民間の社会教育活動をされていた保育の先生や助産師さんでした。

更に私も、その団体で子育て活動を手伝い続けている中で、生命科学の第一人者である筑波大学名誉教授の村上和雄先生や、医学博士で胎内記憶や周産期医療の日本における第一人者である池川明先生との出会いもあったのです。

逃げ出さずに諦めずに、懸命に生きている時に、必ず運命を切り開く数々の出会いがありました。その出会いが私の「自己進化」を後押ししてくれたのでした。

九　親の気持ちが理解できた時

私が「精一杯に前向きに生きよう」と心に決めた頃から、なぜか私を産んでくれた母の事を思えるようになりました。

私の小学校入学式の直後に、子宮癌で入院して手術を繰り返しながら半年で帰らぬ人となった母です。幼い私や妹を残して逝かねばならぬ事を悟った当時の母はどんな思いだったのでしょう。

　夫が不治の病と診断された時、私は一家心中を考えました。しかし幼い長男を残して死ぬ事はできませんでした。それは「幼い我が子を残しては死ねない」という母親としての切実な思いでした。

「あの時の母親としての思いは、六歳の私と三歳の妹を残して死んでいった当時の母の思いと同じだったに違いない」とある日気づきました。

「ごめんなさい。今日までお母さんの気持ちも解らずにいて・・」と涙が止まりません。そして母に詫びずにいられなくなり故郷に帰りました。母の死から実に二十四年も過ぎた心からの墓参でした。お墓の草を無心で抜き取り詫び続けました。

　すると自然に父の気持ちも思ってやれるようになりました。日ごとに弱っていく母を、父はどんな思いで看病していたのでしょう。

　幼い私達姉妹を残して死んでいく母も残される父もどんなに辛かった事でしょう。そんな父の気持ちにも気づかずにいた事が申し訳なく詫びずにいられなくなりました。

　その夜久しぶりに会った父に頭を下げるとドッと詫びの涙が溢れてきました。そして顔をあげると父もまた「お前もやっと親の気持ちが解る娘になってくれたのか」と喜びの涙を流していたのです。その父の涙に私はまた涙しました。あの時の父の姿は、今も忘れることができません。

母親の気持ちと父の気持ちを慮り、そして解る娘になれた時、幼い私達姉妹を思い我が家に嫁いで育ててくれた、義母の苦労や気持ちまで思える私になれたのです。

それまでは当たり前にしか思っていなかった産み育てくれた親の恩を全身で感じ取れた時、目にみえない心の殻のような物が破れて外れたそんな不思議な感覚になりました。

そしてハッキリ解りました。自分を産み育ててくれた両親の辛く苦しかった頃の事情を知り、その時の両親の気持ちを慮り理解する事ができる自分になる。その時にごく自然に「大変な中で産み育ててくれた・・」と心の底から恩意識が生まれ、感謝の気持ちが湧き出てくる事を。

ぜひ一度ご両親が健在ならば、自分を産み育ててくれた頃の生活状況を聞いてみましょう。また自分の知っている事だけでも思い出してください。困難や悲しみを乗り越えて育ててくれたその時々の両親の気持ちを想像してみましょう。その時に「自己進化した新たな自分」に必ず出会えます。

十　「自己進化」の証

両親の気持ちが理解できて心から詫びて帰ったその日の事でした。不治と診断され入院中の夫の病院から「なぜだか解りませんが、ご主人の病状が急に良くなりました」と連絡が入ったのです。

駆けつけた私は驚きました。全く感じられなかった夫の生気がすっかり蘇っていたのです。主治医も不思議がっていましたが奇蹟のような出来事でした。

一体何が原因なのでしょうか？　私は探し続けました。そして気づきました。私の中にハッキリと産み育ててくれた両親への感謝の気持ちが持てた事、それ以外にそれまでの私と家族の関係での変化は見当たりません。

親を思う心と、我が子を思う親心がしっかりと通じ合う事ができる親子関係になれた以外に変わった事はないのですから！　夫の生気が蘇った原因は、他には考えられません。

親子の絆は、絆の文字が示すように一方からではなく双方から半分半分の思いやりがあって、初めてしっかり結ばれるのでしょう。

草花を自身に見立ててみました。私が産まれてから心を掛け育て支えてくれた両親は私の根に相当する存在です。それまでの私に足りなかった、感謝という水を両親という根に注ぐ事ができたのです。

その前に水を吸い上げてくれる両親としっかり絆が結ばれました。ですから枯れかけた状態だった私達夫婦が生き返ったように生気が蘇ったと考えると腑に落ちるというか、納得ができました。これこそが「自己進化」できた結果でした。

見る事も触れる事もできませんが、生きている人間には心（気持ち）があります。その心が行動を起こさせているのです。先ず己の根本にあたる親の気持ちを理解できる自分に「自己進化」したいものです。その時に、親からの生命力は間違いなく注ぎ込まれ人生は開けます。

十一　蘇った生命力

それから間もなく夫は退院しました。そして六年ぶりに第二子の妊娠が判りました。

「必要な時に必要な命が授かる。授かった命を喜んで産み育てる」と私の生命観が変わり、生きる姿勢も「自己進化」した時、全てが前向きに考えられようになりました。

子育ては経済的にも大変です。しかし「私達夫婦にはその力が有るから新たな命が託されたのだ」と前向きに考えると嬉しくなってきました。

それでも現実は夫が長年多量の薬を飲み続けていました。私は五体満足な赤ちゃんが産まれるのか心配でした。直ぐ助産師に相談することにしました。ところが思いもよらぬ驚きの答えが返ってきたのです。

「赤ちゃんの異常は薬が原因ではありませんよ。妊娠中の夫婦の生活や心持ちの間違いや歪みが原因なのですよ。『無痛安産の書』に書かれている生活を心がけて生活なさい」と力強く確信に満ちた答えが返ってきたのです。

更に「授かった命を喜んで産み育てていく時に、同時に一家の幸せも必ず生まれてきます。心配せずに喜んで生活しなさい」と力強い言葉だったのです。「一家の幸せも生まれる」と言う言葉に心を動かされました。結果は解りませんが試してみようと私の心はその時に決まりました。

するとそれまで、子供は要らないと言っていた夫が「子供が産まれるのに病気なんかしてはいられない」と前向きに自己進化した受け止め方をしてくれました。

その夫の前向きな心が夫自身の体を健康体に蘇らせる原動力となった事は言うまでもありません。肝機能が著しく低下していた夫がわずか三ヶ月で薬も要らない健康体に回復したのです。

心理状態と体が一体であるという事実を私も、夫の回復する姿から実感しました。夫婦とは身体は別々ですが、お互いの心はいつも影響し合っているものです。ですから一方が「自己進化」する時、相手もまた必ず進化します。ただし打算が入っていての進化は本物の進化ではありません。

第二章　親と子の魂の繋がり

一　持って生まれた性格

私には六人の子供がいます。しかも男の子ばかりです。しかし六人の子供を出産し育ててきたからこそ解った事が沢山あります。

その第一は、持って生まれた性格や体質はいつどのようにして形成されるのか？という事実が解き明かされた事です。性格や体質は本人ばかりか、家族や周囲の人々の人生までも左右する重大な問題です。

だからこそ体質や性格がどのようにして形成されていくのかが解れば、出産や子育てが大きく変わるだけでなく、その後の育児から教育まで、いえ！　人間社会全体が変わる可能性さえあるのです。と言っても俄かに理解してはもらえないでしょう。

そしていま現在この事実を公言できるのは私以外にはいないでしょう。だからペンを執ることにしたのです。

命に対する倫理観がすっかり変わった私は次男・三男・四男と続けて年子で三人を産み育てました。ところが三人目の子育て中にある疑問が出てきました。

両親が同じでありながらなぜ三人三様に性格や体質が違うのか？　原因は必ずあるはずです。私はその原因を探求し続けました。

そしてある日気づいたのです。三回の妊娠中の我が家の生活状況が違っています。当然母親の私の心理状態も違っていました。「これだ！　この違いが原因に違いない！」と思わず拳を握り締めました。

直ちに三人の私の妊娠中の生活を振り返りました。私の精神状態もできる限り思い出して分析しました。そして子供達の性格や体質との照合を試みたのです。するとその結果は見事に私の予想と一致していたのです。

先ず長男の時は初めての妊娠でした。喜びは勿論でしたが、私の母親のお産が重かったと聞かされていましたから、不安や心配で一杯でした。しかも三ヶ月目には切迫流産の兆候が見られ、医師から安静を言い渡されました。入院できないならば、できる限り安静な生活をするように言われたのです。

そして産まれた長男は、当時の私そのままです。けして無理な事も危ない事もせず慎重です。本を読む時も絵を描く時もブロック遊びの時も体を横にします。それは大人となった今でも変わりません。この姿は妊娠中の私が布団の中で横になり本を読みテレビを見て過ごしてきた姿そのものです。

次男の妊娠中と言えば、子育て活動を通じ知り合った助産師や仲間が沢山いました。お産教室や子育て教室などが楽しみで、大きなお腹を抱えながら嬉々として出かけ体を横にする事もなく過ごしていました。

私の妊娠中の生活そのままに、次男の性格も明るくて活動的です。友達も多く体を横にする事はあまりありません。

では三男の妊娠中はどんな生活だったか?と言えば、長男が小学生でしたから母親の私にとっても宿題は?忘れ物は?といつも気になり手出し口出しと大変でした。更にハイハイが始まった次男からは目が離せません。

家事に育児にと休む暇もありませんが、夫は全く手伝ってはくれません。私の胸の内は「父親なのだから少しは手伝って!」でした。でも夫は子育てには無関心でした。喧嘩状態になるよりもと、私は不満を口には出さず飲み込むように抑えて妊娠期間を過ごしていたのです。

その三男は、少しでも気に入らないことがあると所構わず大声で泣きわめきます。更に身体が弱く喘息性気管支炎と診断されてよく発熱や咳の症状を繰り返しました。

その喘息の病状は、夫への不満を口に出さず飲み込み、内心は葛藤だったのでした。母親の私の心理状態のままである事に気づきました。

所構わず暴れて泣きわめく三男の姿は、母親の私と違って世間体を気にする事も人前を取り繕う必要もありませんから、感情を素直にそのまま表現していたのです。

分析してそこまで一致している事に私は驚きました。しかしその時には四人目の子がお腹にいました。ですから「私の生活や心理状態がどこまで影響するのか試してみよう」と決めました。なぜなら四人目も三男と同じ性格になったら困るのは母親の私ですから。

四人目のこの子には、穏やかな聞き分けの良い子になって欲しい。ならば母親の私が穏やかに聞き分けの良い生活をしてみよう。子供がどうなるかは解りませんが実験してみる価値は充分にあると考えました。

人間は心がければできるものです。いつも意識して、意識して穏やかに夫に左右されず腹を立てず聞き分けの良い妻になろうと努力し続けました。

そうして産まれてきた四男の性格は、驚くほど穏やかで聞き分けの良い子です。時には兄弟喧嘩はしますが、保育園でも学校でも、そして社会人となった今でも周りの人と揉める事はほとんどありません。いつも穏やかで優しい子です。

それは正に夫や周囲に左右されず穏やかに生活しようと「自己進化」を意識してきた妊娠中の私そのままです。一方では自分を抑え過ぎるところも見受けられますが、実験の結果は見事に私の予想通りの結果が得られたのでした。

妊娠中の母親の生活と心理状態がそのままお腹の子の「持って生まれた生格や体質となる」この事実が実験結果として出たのです。体質や性格が妊娠中の母親の生活と心理状態によって形成される事が証明されたのです。

しかし妊婦は一人の生活ではありません。父親にあたるパートナーの夫がいます。舅姑や生家の両親、地域や職場の人々も含む多くの人々と関わり合って生活しています。

『妊娠中の境遇が、お腹の赤ちゃんの性格を作り体質を作り上げているのです』

家族や周囲の人達もこれを知って妊婦さんに接する事ができたならば、産まれてくる赤ちゃんを理想に近づけるには、周囲の皆がそれぞれに「自己進化」することです。

二　妊娠中の境遇を証言する子供達

更に私は三年後に五男、その二年後に六男を妊娠しました。そして実験を繰り返しました。その結果、ゆるぎない確信を得る事ができました。

妊娠中の母親の生活環境と心理状態がそのまま産まれてくる赤ちゃんの性格や体質を形成していたのです。

更に私はその後、子育て活動を続ける中で多くのお母さんにアンケート調査に協力して頂きました。結果は見事に妊娠中の母親の生活や心理状態が子供の性格や体質に影響している事が確認されました。

個人のプライバシーに関わるので公表できない例もありますが、子育てセミナーなどの機会にお話しさせてもらっています。

二〇〇七年には、産婦人科医で医学博士の池川明先生にお会いして胎内記憶の研究結果を知る事ができました。更に池川先生の勧めで、アメリカの精神科医であり「出生前・周産期心理学協会の設立者」でもあるトマス・バーニー博士の著書『胎児は知っている母親のこころ』を読み驚きました。

この本には、私が六人の子供を産み育てた中で判り得た事実が、医学的に裏付けされた内容が書かれていたのです。「持って生まれた性格は母親の生活環境と心理状態で決まる」という持論を、確固たる確信にさせてくれた本でした。

では妊娠中の母親の生活や心理状態が胎児にどんな風に記憶されているのか、池川明先生の著書『胎内記憶』より抜粋して紹介しましょう。

○お腹の中にいた時ね、木とかビルとか雲とか道とかオレンジで夕焼けみたいだった。

（二歳男の子・妊娠中お母さんはよく夕日を浴びながら散歩していた）

○ブランコやすべり台であそんだね。

（四歳女の子・お母さんは上の子を連れて妊娠中に毎日公園にいって遊ばせていた）

○お母さんとお父さんが結婚式の時、手を繋いでいたね。

（五歳男の子・結婚式は妊娠七ヶ月目で式の様子を見ていたように話しました）

○お腹から出るときグルンって回って出た。

（二歳女の子・赤ちゃんは回旋しながら産まれてきます）

○産まれる時、何かがシュッと来てこわかった。まぶしかった。

（五歳女の子・帝王切開での出産でした。メスが怖く手術室の明かりがまぶしかっ

た）

どれもお子さんが知っているはずのない事実です。しかし話してくれる内容は妊娠中や産まれてくる時の様子とぴったりと一致しているのです。

驚く事に、「お臍の穴から見えた」と胎内記憶を話すお子さんが沢山います。この点は私の五人の子供を取り上げて頂いた田村助産師がよく話していました。「母親の感情は臍帯を通して赤ちゃんに移行しますよ」と。

それが子供達の胎内記憶の証言では「お臍の穴から見ていた」という表現になるようです。母親の体験や感情が臍帯を通して、そのまま胎児の脳にも記憶され遺伝子情報として記録されていたのです。

母親の生活環境と心理状態はそのまま臍帯を通して胎児に移行します。母親の体験や心理状態が胎児の体験や心理として記憶され遺伝子情報として伝えられているのです。

私は胎教を【胎境】と敢えて文字を変えて妊娠中の過ごし方の大切さをお話ししています。

母親の体験と感情が作る胎児の人間関係

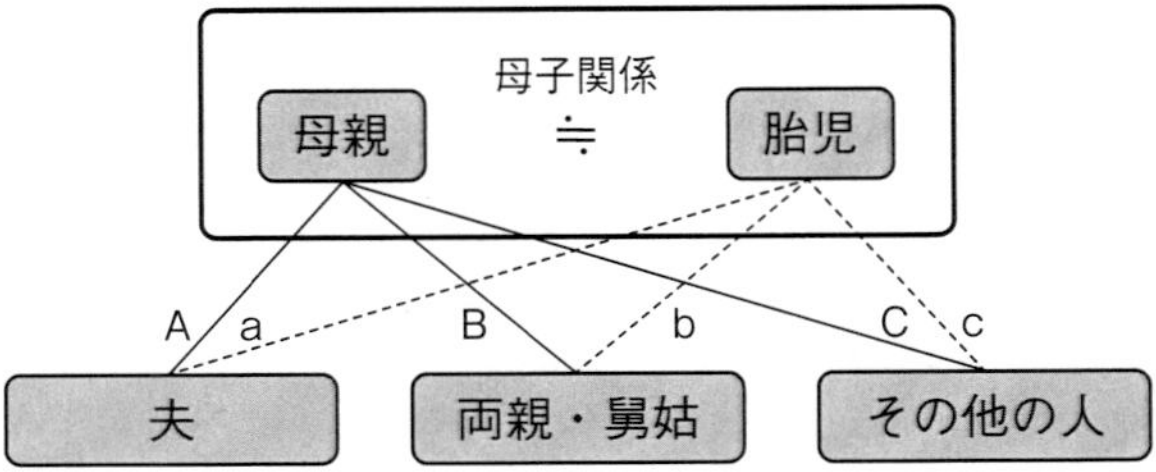

A　夫婦の関係　≒　a　父親と子の関係
B　母親と親の関係　≒　b　孫と祖父母の関係
C　母親と他の人の関係　≒　c　子と他の人の関係
胎児は母子関係から将来の母子関係を学ぶ
胎児はAから将来の夫婦関係を学ぶ
胎児はBから将来の親子（嫁姑）関係を学ぶ
胎児はCから将来の社交性・社会性を学ぶ
★胎児期の学び（真似る）は人間関係の基礎となり生涯を通しての人間関係に大きく影響している。

私達は体験を通し学び、対人関係・生き方・価値観・言動など良し悪しに関わらず身に着けていく。同様に胎児は母親と体験・感情を共有して学び身に着ける。潜在意識は、記憶の無い胎児期・乳幼児期の学びによるもの。

三 「胎境」を知れば子育ては変わる

これまで、子育ては産まれてから始まると多くの人が考えていました。しかし妊娠中の母親の生活環境と心理状態が産まれてくる子の持って生まれた性格や体質を作っていた事実が判ったのです。

胎内からすでに子育ては始まっているのです。胎内記憶の証言を多く集めると妊娠中から子育てを始める事が大切だと池川明先生も著書や講演会でおっしゃっています。

例えてみましょう。大根という食材があります。漬物・煮物・サラダといろんな調理法があります。一度調理して煮物にしたものは漬物やサラダにはできません。しかし調理した物でも、漬物は漬物として、煮物は煮物の特性を生かし更に手を加えて様々にアレンジし、より美味しくする事はできます。

食材を始めにどう調理するかと同様に、妊娠期間中は産まれてくる子供の生涯を大きく左右する性格や体質を決定づけていたのです。産まれてからの子育ては対処法でありアレンジに相当するのです。

ですから子育ては産まれてからでは遅いのです。では今からでは手遅れなのでしょうか。いえアレンジの仕方があるように打つ手はいくらでもあるのです。

蛙の子は蛙・鳶は鷹を生まないと昔から言われます。しかし親自身が意識して「自己進化」を心がけ鷹の生活をするようになった時に、我が子は鷹になったのです。

最初にお話ししたように、私たち人間は諦める事も、前向きに努力して進化する事もできます。どちらかの道を選ぶかは自分自身なのです。

子育てをしている親自身が「自己進化」する時、子供達も確実に進化した我が子となり、ＤＮＡを変える事ができるのです。

四　妊娠中の母親と子供の生き方

妊娠中の母親の生活と心理状態が産まれてくる子の人生を決めると言っても過言ではありません。ここで具体的な私の体験をお話しします。

三人目の子育てをしている時に、妊娠中の母親の生活や心理状態が持って生まれた性格を作っている事に気がつきました。そして四人目で実験をして確かめる事ができました。

それからの私は「これからお産をする人や子育てをするお母さんに何としてもこの事実を知らせしたい」そんな気持ちが高まりました。幸い理解して頂き協力者も沢山出てきました。そして子育て活動をする基盤となる活動を、ついに立ち上げる事ができました。

児童館を借り切って子供達を遊ばせながら片隅にマットを広げ、お母さん達と輪になっての活動。助産師さんの協力を得て公共の会議室を借りてシリーズでの活動。ある時はファミリーレストランで、また連れだって遊園地に出かけお弁当を広げてと様々な形で活動をしてきました。

そんな中で私は五人目の妊娠に気づきました。幼い子供を連れて、大きなお腹を抱えての活動でしたが、そんな私の姿に小さなお子さんを連れたママさん達が沢山集まってくれました。

私自身の体験を語りながら、妊娠中の生活や心持ちが子供の性格や体質になる事を伝えました。孤独な子育てを一人でも少なくとの思いもあって、生まれる直前まで活動しました。更には産後も一ヶ月足らずの乳飲み子をおんぶしながら活動を再開しました。

その時お腹にいた五男は妊娠中の私そのままです。活発で多くの友達といつも元気に動き回る子でした。

小さい頃から夢はプロのサッカー選手。中学生になるとJリーグのユースに入って高校もスポーツ校に推薦で入る事ができました。高校二年の夏に全国大会にレギュラーで出場することができました。

しかし結果は二回戦で敗退。現実の厳しさに一時は夢を諦めてしまいました。目標を無くしてからの五男の高校生活は、全く覇気が感じられませんでした。

しかしサッカー部の顧問の先生は温かく見守ってくださったそうです。そして出した結論は「サッカーで学んだチームワークや目標を目指す努力の大切さを子供達に伝える教師になりたい」と決めたのです。

顧問の先生は「君の根性があればできる」と背中を押してくださったそうです。

しかしサッカー推薦で進学してきただけに学力の点ではかなり厳しく、教師になれるのは二～三％の確率と言われる程の厳しい状況でした。

その後の息子の努力は親ながら感心する程でした。勿論、母親の私も息子の目標に匹敵する位の目標を密かに決意して実行し続けました。

それは私が彼の妊娠中にも、それまでの出産子育てしながら実験し研究分析した結果を『人生を切り開きＤＮＡを変える自己進化の勧め』としてまとめて、一冊の本にして多くの皆さんにお知らせする！という目標でした。

あれから十年がかかりましたが、今その時が来たと私もペンを執りました。その息子は現在中学校の体育の教師をしています。その息子の生き方が今もそしてこれからも、私の子育て支援活動や生き方を支えてくれているのです。

母親の妊娠中の生き方が産まれてくる子の生き方を作ります。妊婦を取り巻く父親である夫や、家族全ての人がこの事実を知ったならば、産まれてくる子供の人生が限りなく開けていくのです。

五　自己進化は遺伝子の演出から

子育ては親育ちの場でもあるといいます。私自身も子育てを通して様々な親の気持ちを理解する事ができました。子を持って知る親の恩です。

人間は想像しただけでは対者の本当の気持ちは解りません。解ったつもりでも実際に体験していない事は解らないものです。

子育ての過程で、過去に自分を育ててきた親の立場を疑似体験する事によって、想像を超えた現実的な感情を伴った理解ができるのです。

私が、年子で三人目を授かった時の事です。生家の義母に妊娠を告げた時に「また子供を産むのか！」と言われました。明らかに喜んではいない言葉に、私は「なんで喜んでくれないのよ！」と悲しくなりました。

その後も電話のたびに「大変だけど、頑張れよ！」と応援してくれる言葉を期待しましたが、「毎年毎年子供を産むのは・・」と喜んでいるとは思えない言葉が返ってきます。だんだんと「もう聞きたくない。いい加減にして」と思うようになり連絡も、あまりしなくなりました。

それでも私達夫婦は「子供がもう一人増える。その分頑張ろう！」と前向きでした。そしていつものように安らかな安産でした。

ところが三週間が過ぎた頃でした。私は微熱が続き体の節々が痛みだしてきました。風邪かも？と近所の内科に行ったのです。その時に念のためにと急性リウマチ検査のために血液検査もしてくださいました。

風邪かと思った微熱が、検査の結果急性リウマチと診断されたのです。その頃には全身の節々の痛みは日増しに強くなり抱っこして授乳さえできない状態にまでなってしまいました。

　乳飲み子を含めて四人の子供をこれからどう育てて行こうか？　どうしてこんな病気になったのか？　眠ることができませんでした。原因のない結果はない。必ず原因が有ると自分自身の生活を省みたのです。

　そして気づきました。この子の妊娠を告げた時に「また子供を産むのか！」の言葉の奥に「毎年毎年子供を産んで、お前の体は大丈夫か？」という親心があった事に。亡くなった母も義母も農家の嫁として毎日の働きの中で、子供を産み育てることがどれ程大変な負担だったことか。だからこそ「毎年毎年子供を産んでお前の体は大丈夫なのか？　自分の身体も大事にしろよ！」という気持ちでおり、出産を反対していた訳ではなかったのだと思えてきたのです。

　夫の両親も生家の母も、お産の後で母親の私がこんな風に体を壊し子供達の世話をできなくなることを心配してくれていたのに、その親心さえ解らずにいた自分に気づきました。

「ごめんなさい！　ごめんなさい！」心の中で叫ぶと涙が止まりませんでした。そのまま私は眠ってしまいました。そして翌朝目が覚めると、あんなに辛かった全身の節々の痛みが嘘のように消えていました。

人は誰でも母親に全てを依存して始まる人生です。その後も両親や家族の保護と温かな思いやりを受け続けているのです。それがごく自然な事で当たり前過ぎるが故に、親の気持ちは解ったつもりでいる・・。というのが人間なのかもしれません。

しかし子育てをしていく中で、かつて自分を育ててくれた頃の親の疑似体験をする事になります。そこでようやく親の気持ちが解り、産み育ててもらった親への感謝の気持ちや恩を感じるのが人間なのです。

子育てで困った時にこそ、一度じっくりと自分を産み育ててくれた頃の両親の生活を振り返ってみる事をお勧めします

時代が変わり生活も環境も変わっていますが、静かに客観視すると間違いなく親の生活を繰り返している自分に気づくでしょう。

子供とは、自分を育ててくれた親の気持ちを解らせるための存在であり、子育てとは育ててもらった親の疑似体験をするためにあるのだと思います。

親の過去を例外なく繰り返している遺伝子情報（ＤＮＡ）のおかげで、親の苦労やその時の気持ちが理解できるのです。その時に人は大きく「自己進化」を遂げるのです。

六　遺伝子の素晴らしい働き

親のいない人間はいません。そして親を尊敬して感謝すればいい事も解っています。それでもできない人がいるのも現実です。では尊敬に値しない親や感謝などとてもできないという親に対してはどう対処すればいいのでしょうか。

我が子の幸せを願わない親はなく、親を思わぬ子もいないでしょう。一時的には余りの苦しさや辛さから「あんな親さえ」とか「あの子さえ」と思う事はあるでしょう。

親や我が子を思う余裕もなく追い詰められた生活の中で、感情に振り回されて自暴自棄になったとしても、それは仕方なかったのです。誰が悪いのでもないのです。

誰もがみな自分ではどうにもならない事情を背負って生きているのです。その時その場を良くも悪くも、そうする以外なかったのです。その事情を漠然と想像するよりも疑似体験する事ができたら臨場感満点に理解できること間違いありません。その時に親の気持ちが解る、親の子供になれるのです。すると自然に「大変な中で育ててもらった」と感謝の気持ちが湧き出てくるものです。

ここである方の体験をご紹介しましょう。

お父さんは彼女が産まれる前に戦死されました。家を守るために彼女のお母さんは亡くなったご主人の弟さんと再婚するしかなかったそうです。

普段は義父も働き者で悪い人ではなかったそうですが、お酒を飲むとお母さんに「俺はお古をもらってやった」と時には手を上げる事もあり、そんな義父が怖くて大嫌いだったそうです。更には、幼い彼女にも時として暴言を吐く義父から「お母さんはかばってはくれなかった」と孤独で寂しかったそうです。

成人した彼女は上京し結婚しました。そしてご主人のお兄さん夫婦と一緒に商売をすることになりました。お店が忙しくなるにつれお兄さん夫婦に気を使いながら二人のお子さんを育てた彼女は、子供達と一緒の時間も取れず子供達に寂しい思いをさせてきたと心を痛めてきました。お兄さんになにも言えなかったご主人にも不満だったそうです。

私は彼女を育ててきたお母さんの立場と、息子さん二人を産み育ててきた彼女の子育て過程が同じである事に気づいてもらう事が必要だと直感しました。

ちょっと見れば全く違っているように見えますが、様々な事情から家族の間で、特に兄弟の間で気を使い、それゆえに言いたい事が言えず、夫婦の意思の疎通の妨げとなり、その結果子供に寂しい思いさせてしまっていたのです。

戦死された長男の後、家を守るために弟と再婚せざるを得なかった当時の話はよく聞きます。しかし自分の意志を通す事もできず夫婦となったお母さんと義父の生活も、お酒が入ると「お古をもらってやった」と当たり散らす気持ちは今なら解ってやれるでしょうとアドバイスしました。

すると彼女は「今まで母や義父の気持ちなど考えた事も無かった」と大粒の涙を流しました。母親が自分をかばってくれなかった事情も理解できました。夫がお兄さんに何も言えなかった事情も理解できるようになりました。

すると自分が子供に寂しい思いをさせたと心痛めてきたように、母親もまた子供の私に心痛めていた事に気づきました。その後彼女は既に亡くなられたご両親とお墓の前で、詫びの気持ちを語りかけました。もちろんご主人にもお詫びをし「自己進化」できたのです。

その数日後にご両親の夢を見て「今の私を喜んでくれている」と思えたそうです。数十年間抱えていたご両親の心の重荷を下ろしたような気がしたそうです。

ご主人に対する不満も消え、今はご夫婦で息子さん達の子育てを喜んで応援されて一家がすっかり明るくなりました。

だれでも心の隅に「あのとき・・」や「あの頃・・」といった親に対する感情はあります。その頃の状況を親になって疑似体験することで、心の片隅に残っていた怒りや不満が解消され「自己進化」でき家族の絆が深められるのです。

ＤＮＡはどんなに時代が変わっても間違いなく親の疑似体験を演出してくれています。ファミリーヒストリーを知りましょう。あの頃あの時の両親の気持ちを知り「自己進化」しましょう。

親と子が互いに心を通じ合わせた時に親子・夫婦の絆がしっかり結ばれて、家庭が癒しの場となるのです。

＊　魂を意識する

生きている人間は常に心（気持ちや感情）が伴っています。そして私達は常に多くの人との関わり合いの中で生きています。つまり関わり合っている人の数だけの気持ちや感情とも関わり合っているのです。

過去の関わり合いの中で生じた感情も沢山あります。過去の関わり合いが良い関係であれば問題は無いのですが、そうでない場合にはマイナス感情がなかなか捨てられず、その影響はずっと続きます。

それは亡くなってしまった人との心の関わり合いでも同じです。過去の事だからとか、忘れてしまったでは済まされない、大きなマイナス影響を日常生活に及ぼし続けているのです。

亡くなった人や過去の事であっても、お互いに気持ちを理解し合えないまま、心の重荷を放置しておく事はできる限り無くしたいものです。

「魂が込められた」とは、嘘偽りのない気持ちが込められたという事です。同じように亡くなってしまった人の気持ちや感情を嘘や偽りのない「魂」として見なすと、魂がグッと捉えやすく解りやすくなるでしょう。

六歳で母を亡くした私が、死を覚悟するような辛さの中で、初めて死に直面した母の魂と出会うことができました。すると次々と当時の父の気持ちや感情と、更に育ててくれた義母の気持ちも知る事ができました。

それは魂が響き合ったという表現がぴったりするように、親と子がお互いに次々と解り合えて嘘や偽りのない人間関係になれたのです。

五感で感じ取る事はできませんが、人間が常に持っている様々な心や感情を「魂」と捉えて、亡くなった人や過去の出来事を振り返り、嘘や偽りのない感情から知ることが必要です。その時に両親や様々な肉親やお世話になった方々の魂と響き合う交流ができるでしょう。

すでに亡くなった人でも、過去の人でも今を生きている自分と同じように様々な感情があったのです。それを「魂」として捉えこちらから相手を理解しようと努力する「自己進化」は、必ずやその後の人間関係を進化させます。

第三章　子育てはＤＮＡを変えるチャンス

一　母親の今の生活や感情を表す子供

「一心同体」の胎児に限らず、体は全く別であっても親の心や感情が子供達に影響している事を私の実体験を例にお話ししましょう。

長男は幼かった頃、毎月のように自家中毒の発作を繰り返して何度入院させたかしれません。何の前ぶれもなく突然激しく嘔吐するのです。唇は色を無くし胃袋が裏返しになって飛び出てくるかと思う程の激しい嘔吐です。遂には泣いていても涙も出ない程の脱水状態になってしまいます。

そうなると入院して点滴をするしかありません。理解して静かに点滴を受けるには幼すぎますからベッドに手足を縛りつけられた状態での点滴が始まります。そんな幼い我が子の痛ましい姿を何度となく繰り返し見てきました。

妊娠中の母親の心や感情が子供の性格や体質にまで影響があると解ったのです。ですから身体は別々であっても、母親の心の状態が子供にどんな風に影響しているか、また病気との関係はあるのか分析してみるようになりました。

分析する母親は他人ではない私自身です。過去も含めて私の気持ちは私にしか解りません。ごまかす事も嘘をつくこともない私の気持ちがどれ程の影響があるのか。またどう対処すればよいのか？　分析していくと驚くほど子供の病気の病状まで、母親の私の心理状態と見事に一致しているではありませんか。

では、あの幼い長男の突然の自家中毒の発作時の私の心理状態はどんなだったのでしょう。夫の言動に腹を立て、正にお腹の中は煮えくりかえった状態だったのです。

それが解った時は「ごめんね！　ママがあの発作の原因だったんだね。もう二度と胃袋がひっくり返る程の嘔吐の様は、母親の私の感情と一致していたのです。

辛い思いはさせないからね！」と反省せずにいられませんでした。

冷静に考えれば夫には仕方ないどうにもならない事情があったはずです。それを解ってやろうとすることもなく、感情的になってしまっていたのです。真の反省は自らが変わらずにいられなくなるものです。この真の反省という「自己進化」の後は、二度と長男の自家中毒の発作はおきませんでした。

子供が多い分だけ研究の素材は沢山あり、こんな出来事もありました。

ある日夫の実家へ行きました。舅姑は孫が可愛くて仕方ありません。しかし直ぐに幼い長男は帰ろうと言い出します。いくら言い聞かせても「帰ろう」を繰り返すので子育てセミナーに参加した折に相談しました。

するとと思いもよらない答えが返ってきました。

「苗代で育った苗はある程度育った所で田んぼに植え変え、田んぼに根をしっかり張って大きく育ちやがて実ります。人の暮らしも同じです。生家は苗代で婚家は田んぼなのです。植えられた田んぼに根をしっかり張るように、嫁いだ家の女としてしっかり生きるのが結婚です。『嫁』の文字がちゃんと表しています」

稲の成長に例えて教えられた私は、ストンと腑に落ちたように納得できました。反省して心から品川家に根を下ろそうと「自己進化」したのです。

その日を境に言い聞かせた訳でもないのに六人の子供達は誰一人として「帰ろう」とは言わなくなりました（その後、子供達は成長し孫達も同様でした）。

子供は親の行いや心に思っている事までも表現しています。ということは親である自分が先ず自己進化すれば・・・どうなるかをお試しください。

二　親の過去や現在を表す子供

こんな事もありました。長男のガチャポンのゴムロボットがどんどん増えていきます。もしや私の財布からお金を抜き出しているのではと直感的に思いました。気をつけて様子をうかがっていると、やはり私の財布からお金を出しています。私はカッとなり長男の襟首を摑み「謝りなさい」と激しく叱りました。

何とか「ごめんなさい。もうしません」と言わせたいのですが、なかなか言いません。エスカレートして怒鳴る私と泣き出してもごめんなさいを言わない息子。親のしていない事は、良い事も悪い事も決して子供はしないと聞いていました。

私自身の子供の頃を思い出しました。よく仏壇の十円玉をこっそりと持ち出してはアイスキャンディーを買って食べていました。息子の姿は過去の私の姿だったのです。それに気づくと息子を叱れなくなってしまいました。

そっと両親と祖母の姿を思いうかべ、「ごめんなさいね」と謝りました。長男には「親のお金でも黙って持ち出してはいけないよ」と叱るのではなく言い聞かせました。それ以来六人の子供達は誰一人、黙ってお金を持ち出さなくなりました。

こんな事もありました。長男が三年生の頃です。私達は子供が四人になり、一家六人では狭くなり引っ越すことになりました。子供の転校はいじめや不登校のきっかけにもなりかねないと母親としては心配になるものです。

しかし母親の生活や心が影響するのですから、逆に母親の私次第でどうにでも成り得るはずです。結果は解りませんが実験することにしました。

引っ越し先で、ご近所の方に挨拶はこちらから意識して親しくお付き合いしました。夫もご近所両隣の道路清掃をしました。

学期末の保護者会に参加して驚きました。転校したばかりの長男が学級委員長をしていたのです。先生は「クラスの皆が選んで決めたのですよ」と。親自身が引っ越し先で積極的に周囲に馴染もうとした生活が、見事に転校した長男の学校生活にそのまま表れていたのです。

子供の問題行動の多くは、親の生活や心理状態を過去も含めて表しています。これが遺伝子情報（ＤＮＡ）の為せる業です。それが解った今、対処法は親自身が「自己進化」すればいいのです。ぜひ試してみてください。

三　親が進化した時子供が変わる

最近のニュースで心痛むのは、躾と称した親の暴力事件です。子供を思わぬ親はないとはいえ、現実には子供達が親の過ぎた躾によって命までも無くす事件が報じられています。そのたびに思い出す事があります。

実は私も子供に手を上げていた過去があります。六年間一人っ子だった長男は親の指示した通りにしか行動しない子でしたから、今思えば私の支配がいかに強かったかを表しています。

ところが次男は活発な分だけ母親の私の思い通りにはなりませんでした。大きくなるにつれて反発も多くなり、しっかりと躾けなければと強く思うようになりました。五年生の頃には私は厳しく躾けようと思って手を上げるようになりました。初めは穏やかに言って聞かせるのですが、反発されると更に強く躾けなければと思っていました。

しかし我が子に手を上げてしまった後は、自責の念に何とも言えない思いでいました。それでもしっかり躾けなければ、親の言う事さえ聞かない子になったら・・。そんな思いが消えませんでした。

忘れもしません。ある日の事、私はまた次男に手を上げてしまいました。しかし冷静になったところで、その日は私の子供の頃を思い出したのです。

私の父は大工で気の短いところがある人でした。私は女の子なのに何度となく手を上げられていたのです。

つい先ほど子供に手を上げて暴力を振るった自分が受け入れられない。でもどうすることもできない自分がいるのです。その時に私は気づきました。「父も私を殴った後で、同じように手を上げた自分が許せず、苦しんでいたに違いない」

そう思えた時「ごめんなさい。父さんの気持ちがやっと解りました」と涙がこみ上げてきました。すると次に「ありがとう。貴方に手を上げたおかげで、嫌いだった父さんを許すことができました」と次男に対しての気持ちが「進化」できたのです。

その日を境に感情が高ぶるのを抑えられずに、気づくと手を上げてしまっていた私でしたが、二度と手を上げることが無くなりました。と言うよりも不思議なくらい手を上げる気持ちにならなくなったのです。それは他の五人の子供達ばかりではなく、全ての人に対して、手ばかりか心の拳も上がらなくなったのです。

暴力も言葉の暴力も同じように自分が受けたことは、無意識ままやってしまうのが人間でしょう。良くも悪くも遺伝子情報（DNA）として受け継がれているのですから。

それを変えることができる唯一無二の方法は「自己進化」する事です。受けた暴言や暴力に被害者意識を持ち続けている間は同じ事を繰り返します。立場を変えて加害者の心情を慮ってみてください。暴力や暴言を吐くその背景を思ってください。その時の相手の気持ちが解る自分になれた時に、貴方は「自己進化」するのです。そして行動もまた進化するのです。

幼児虐待や、過ぎた躾と思わずに子育てしている多くの人達に、今こそお試し頂きたい思いで一杯です。

四　母親を通しての父親・その他の人

子供は母親だけの子供ではありません。父親の子でもあるのです。父親の生活や心理も当然影響しています。

しかし母親の胎内にいる時はまさに母親と胎児は「一心同体であり一身同体」で

す。母親の体験や感情を胎児はそのまま共有して、自身の体験や感情として遺伝子情報に記録されていると考えられます。

父親とは、胎内にいる期間は母親を通して間接的に付き合う事しかできないのです。更に産まれ出てからも一～二年は全てを母親に依存しなければ生存すらできないのです。

これは人間に限らず哺乳類は全て母親の子宮の中以外では成長を続けることはできず、産まれ出てからも母乳によってのみ命を繋ぎ成長できる時期を過ごしているからです。その期間の父親との関わりは、母親と言うフィルターを通しての関わりなのです。

産まれ出て初めて胎児は父親と直接関わり合うのですが、その体験もハッキリ記憶として残るのは四～五歳頃からでしょう。それまでに父親と関わりあった二～三年間の体験は、胎内にいた時と同じようにハッキリとした記憶はほとんどないのが一般的です。

父親と直接関わり合える関係になって得た体験や感情さえ、胎児期の母親を通して関わり合って得た体験や感情を根底に積み重ねていく事になります。これは父親に限らずその他の全ての人や物との関わり合いも、全く同様です。

例えばAさんに大変助けられたとします。その体験から「Aさんは優しい人だ」と判断して関係を続けるでしょう。しかし何か裏切られたと思う事があったとします。すると「優しい人だと思っていたが、実は勝手な人だった」と評価は一転したようにみえますが、最初の評価を否定した上に次の評価を積み重ねているのです。

つまり最初の体験での評価や感情はなくなる事は無く、最初の評価や感情を否定した上に、新たな評価や感情が積み重ねられ、その後の関係へと続けられるのです。

幸いにも私は六人の出産と子育てを経験する中で、母親である私の生活や心理状態がダイレクトに子供達に影響を及ぼしている事実関係を明らかにすることができました。

これは三人程度の子供の数では解らなかったでしょう。そして夫の存在があり、舅姑や生家の両親の存在があり、その他多くの人と関わり合う毎日の生活があったから解り得た事実でした。

母親と一心同体の胎児期に、母親の体験や感情を自らの体験として共有して「持って生まれた性格や体質」となるのです。更にハッキリとした記憶のない乳児期の体験や感情が「潜在意識」となり生涯を通して影響し続けていくのです。

五　母親だけの問題ではない境遇

そうなってきますと見落とせない重要な問題が浮かび上がってきます。それは母親の生活も心理状態や感情も、母親一人の問題ではないと言う事です。

お腹の子の父親である夫は勿論ですが、妊婦を取り巻く全て人がこの事実を知って母親となる妊婦を気遣ってやれるか否かで、妊婦の生活も心理状態も全く変わってきます。

私は次男・三男・四男と年子で三人を出産しました。その頃は、夫も闘病生活から抜け出したとはいえ、まだまだ我が家は誰が見ても無理としか言えない経済状況でした。

三人目の妊娠に気づき舅と姑に報告した時の事です。「金も無いのに！　これ以上俺達に心配させないでくれ」と涙まで流して舅と姑は出産を反対しました。「生活費を援助して欲しいとか、子育てを手伝ってと頼んでいる訳でもないのに反対するなんて」と私の心は穏やかではありませんでした。

感情的になった私は、口も利きたくないそんな思いでいたのです。そんな気持ちのまま妊娠中を過ごしたのです。幸いにも舅姑とは同居ではありませんから、葛藤を抱えながらでも実際には対立もありませんでした。

こうして生まれた三男です。長男も次男も、舅と姑は可愛がってくれました。三男が生まれてからも同じように可愛がってくれるのですが、三男の舅と姑に対する態度がまるで違うのです。

三男がお腹に宿った事を喜んでくれない舅と姑を嫌った私の感情そのままに、三男の祖父母に対する態度は明らかに無視している感じなのです。

反対したのは子供三人の世話や経済的な心配もあっての言葉だったはずです。しかし親心を理解する事も当時の私にはできずに、言葉だけでその奥にある親心を感じとれずに一方的に嫌い抜いていたのです。

妊娠中の私の感情が三男にこんな形で現れ影響している事に驚きました。「私達の生活を案じての言葉だったのに、その気持ちも解らずすみませんでした」と舅と姑に心から詫びると穏やかな気持ちになれました。

その頃から私の心持ち同様に、三男も祖父母に対しては穏やかになりました。

これは全ての人間関係においても言える事です。たとえば妊娠中の母親の社交性はそのまま子供の社交性となります。幼稚園や保育園や学校での友達関係に見事に現れてくるのです。勿論その後の人間関係にも影響し続けているのです。これは六人の子供の成長を、母親という一番身近な立場で全てを在りのままに見てきたからこそ解った事実です。

これまで誰も解明できなかった重大な親と子の事実関係です。この事実関係が明らかになると見えてくる事は沢山あります。社会問題である「いじめや引きこもり」は勿論ですが、重大な事件を起こす原因にも深く「妊娠中の母親の生活環境、そこから生じる精神状態」が影響していることは明らかです。

喜ばれて生まれてきた子はプラス思考になれるのに対し、「欲しくなかった」などといった否定的な中で生まれてきた子はマイナス思考になりがちなのです。

六　否定から始まった人生

親からの否定が強ければ強いだけ、何事も否定する性格となります。当然、本人は周囲の人とは上手く付き合えず苦労する事になります。そうなると親もまた苦しむ事に繋がってしまいます。こうして負の連鎖がまた本人を追い込みます。

Mさんは子供の頃から母親に「いらなかったのに！」と母親から言われてきたといいます。更に父親からも暴言を吐かれてきたそうです。

「なぜ自分は生まれてきたのか！　生まれなければ良かった！」と何度も思ったといいます。何をしてもちょっとの事で嫌気がさして仕事も長続きしなかったそうです。

そんな彼女の姿を見ていると私は、両親の彼女を身籠った頃の生活の厳しさが想像されました。お母さんだって本当は喜んで赤ちゃんを産みたかったに決まっています。でも喜んで産める状態ではなかったのでしょう。お父さんにしてもいろんな事情があって、よかった！と言える状態ではなかったのでしょう。

幼い頃から一番苦しい思いをしているのは彼女であり、喜んで産ませてやれないお父さんも、産みたくないと思わなければいけなかったお母さんも誰もが皆、喜んで産み育てることがどれ程大切なことか、知らなかっただけなのです。

私は幸いにして六人共に生命に対する倫理観を教えてくださった出会いがあったから喜んで産み喜んで育てます。と「自己進化」ができての子育てで本当に有難かったと心から思います。

痛ましい事件の報道を聞くたびに、犯人となった本人やその母親の妊娠中の厳しく過酷な状況の生活や心理状態まで想像されます。

人間は一人で生活しているのではありません。妊娠中の生活環境も心理状態も母親だけの問題ではないのです。父親になるパートナーや、双方の両親や兄弟姉妹、職場や近所の人まで、多くの人と関わり合って生活しているのが妊婦なのです。

パートナー（夫）の一言で妻である母親の心は乱れます。姑の一言が嫁（母親）の気持ちに嵐を起こさせるのです。身近な人の心ない言葉が妊婦の心を深く傷つけ乱してしまう事があるのです。

妊婦の生活や心理状態がダイレクトに胎児の生き方にまで影響する事実を知る事ができたならば、妊婦を取り巻く人々の対応が変わるでしょう。産まれてくる子の人生にマイナスの影響を及ぼすと解っていたならば妊婦の身近にいる人の関わり方や対応は変わらずにいられなくなるはずです。

これが多くの人に知ってもらえるならば、子育ても教育も、社会全体が大きく変わる事さえ可能なのです。

家族や周囲の人々の心掛け次第で、妊婦が前向きで穏やかに喜びに満ちた暮らしができるのです。そうした一人一人の「自己進化」が人間社会を変えていく原動力なのです。

七　マイナス感情を進化させるには

私は幸いにも家族の皆に待ち望まれて産まれてくることができました。父は長男でしたからその第一子として、母の妊娠が判明した時から喜ばれていたようです。反対に主人は戦後間もない昭和二十二年生まれですから、戦争の混乱が収まらない中で、姑は舅の実家のお世話になっているさなかでの妊娠だったそうです。当然周りに気を使い、喜べるわけもありません。暫くは隠すような生活だったそうで、その後も悪阻を言い訳に、家の中にこもって生活をしていたと私に話してくれました。

それを聞き、主人の性格や生き方が「男らしくない。引っ込み思案で隠し事や嘘ばかり言って」と嫌っていましたが、ストンと腑に落ちて納得できました。

姑も舅も勿論周囲の人も妊娠中の母親の生活や心理状態が子供の性格や生き方にダイレクトに影響する事を知るはずもなく、ましてや本人のせいでもない。それが解った時に、夫の性格や生き方を受け入れようと心が定まった気がしました。

更に日にちが経つにつれて「舅や姑の生き方や子育ては、俺達のようにするなよ！」という生き方を教えた人生だと思えるように進化させて考える事ができるようになっていきました。

正直言って「夫がダメなのは育てた両親が悪い」と責め、不満の気持ちで一杯でした。それが両親の仕方がない厳しい状況の中で、知らぬが故の結果だったと思うと責める気持ちは消えて、経済的に大変な中で出産子育てをしてきたのは、品川家の遺伝子ＤＮＡのおかげでした。と姑の気持ちを考えてやれなかったすまなさがこみ上げてきました。

今では、品川家のＤＮＡを変えることができたのは、舅姑のおかげです。と感謝の気持ちで一杯です。失敗や間違いの経験から学び「自己進化した捉え方」がＤＮＡを変えるただ一つの方法です。

人間はどんな厳しい状況や苦しい現実の中からでも学び考え適応する力がある事を体験して、お子さん達の人生まで切り開けることをお試しください。

八　お産に現れる日々の心理状態

「畳の目が見えないくらいと」とか、「障子の桟が見えないくらいにならないと赤ちゃんは生まれない」「お産に痛みはつきもの」と思われています。私も実際に長男の時は一日中苦しみ続けてやっと産まれました。

ところが授かった命を喜びで迎えた次男のお産は、驚くほど安らかなお産でした。なにが違っていたのでしょうか。一番の違いはお産に対する私の気持ちが「自己進化」して全く違っていました。

お腹に宿った命は我が家の生命力が蘇った証拠でしたから、心配や不安な気持ちよりも我が子を喜びで迎える前向きな母親に私が先に「自己進化」したのです。すると父親である夫の気持ちも、前向きな喜びに進化したのです。

夫は治らないと診断された病でしたが、我が子が生まれる喜びで「病気なんかしてはいられない」と前向きに気力も蘇ったのです。

それは命に対する考え方が変わり「必要な時に必要な子が授かる」「私達夫婦に育てる力があるから授かった」と夫婦で前向きに進化して受け止められるようになった

のです。

更にお産は健康な女性のごく普通の営みとして捉える事ができるようになりました。薬漬けだった夫の事を思うと不安も多少ありましたが、七ヶ月を過ぎる頃には不治の病も治っていましたから嬉しさで一杯でした。その頃には全くお腹の子の異常や、お産に対する不安は無くなっていました。

人は悲しいと涙が出、嬉しければ笑みが出ます。心の状態は身体に現れるものです。日々の生活を前向きに喜んでいる私の心理状態は私の体にも、よい変化として現れていたのです。

六人のお産は、長男だけが病院でしたが五人は助産院でした。次男のお産で臨月に入ってからこんな体験をしました。助産師が、内診の後で聞かれました。

「ご主人と喧嘩しているでしょう」

驚きました。

「そんな事どうしてわかるのですか？」

「心の状態で体は変わるのですよ。内診したらすぐわかります。前回は柔らかだったけど今日は硬いです。貴方の心が硬いのですよ」

図星でした。お産が近づくにつれ私の中に不安が生じてきました。

「今の生活で、子供が二人になって暮らしていけるのかしら？　もっと収入のある仕事に変わったらいいのに！」と不安や不満が出てきていました。

「妻として夫を信頼できず心が定まっていないから、赤ちゃんも位置が定まらないんですよ！」と厳しく指摘されました。

とその時電話が鳴り先生は席をはずされました。一人になり私は指摘された言葉をかみしめました。確かに夫を信頼しきれなかった自分に気づきました。夫に申し訳なくなり思わず「ごめんなさい」と呟きました。その時お腹の赤ちゃんが大きく動いたのです。

暫くして戻った先生は再び診察して驚かれました。「あら！　赤ちゃんが骨盤内に下りてきましたよ。心はごまかせませんね」

助産師は内診で産道や子宮口に触れれば、柔らかさでいいお産になるかどうか判るといいます。いいお産をする人の子宮口や産道はつきたてのお餅のように柔らかく、赤ちゃんが通る際も充分に広がるのだそうです。当然お母さんに痛みは少なく、赤ちゃんにとっても楽に通過できるのだそうです。

薬も近代的な医療機器もない頃、助産師は妊婦の生活や心のケアーをしながら、お産まで導いてきたそうです。なぜなら妊婦の心の状態がお産に現れる事を沢山の実例から解っていたからです。それが助産師の技であり誇りなのだとおっしゃいます。

日々の生活や心持ちまで全て見通されているようなアドバイスには納得でした。おっしゃる通りにしようと心を決めると一週間後にお産になりました。

昼過ぎから陣痛が規則正しくなり、幼い長男を夫に託して家を空けるため準備をしました。そして長男が保育園から帰るのを待って三人で助産院へ。内診の結果「いいお産ができますよ」との言葉に安心しました。産まれるのは夜中になるとの診断で夫と長男は帰りました。

大仕事の前に腹ごしらえが大事と、先生と二人で夕食を済ませたのが七時でした。二人で食器を片づけると、私は部屋に掃除機をかけることになりました。体を横にするより立って動いた方が、引力に逆らわず赤ちゃんが産道を通り易くお産の進行が早いそうです。

掃除機を掛けていると、股間に挟んだボールが今にも落っこちてくるような感じになり「出てきそうです」と思わず言ってしまいました。「早く横になって」と産床に入った途端に、パチンという風船が割れるような音と共に破水しました。そして三回のいきみでスルリと生まれたのです。

痛む暇も無いアッと言う間のお産でした。臍の緒が付いたままの赤ちゃんを見せ、

「指もちゃんと五本ありますよ。元気な坊ちゃんです」と言われ、私は涙があふれてきました。

それは例えが悪いけど、長い便秘の後の排便後のようにすっきりと気持ちのいいお産でした。痛みらしい痛みは感じませんでした。これが動物本来のお産」なのだと思いました。

妊婦自身が喜びに満ちた不安の無い心理状態でお産を迎える。これこそが安らかなお産の秘訣です。それには家族を始め出産に関わる介助者も含めて、全ての人が妊婦の心理状態を穏やかに整えてやる心遣いが必要です。その結果、自然で本来の安らかなお産が可能になります。

最後の六男は他の助産院で出産しました。四千グラムもあった大きな赤ちゃんでしたが同じように痛みも苦しみも無く楽々と産まれました。

「こんな平気な顔してお産する人は初めてですよ」とは取り上げてくださった助産師さんの言葉でした。

九　お産の秘訣をお教えしましょう

安々と・楽々とお産するには！

1「お産は苦しいもの」という観念をなくす

陣痛とはお産の痛みではなく、胎児を押し出すために定期的に繰り返される子宮の収縮運動です。痛い・苦しいと思っていると、耐える体勢になってしまい、呼吸を止めると体が硬くなります。すると子宮口や産道も硬くなります。

全身の力を抜きリラックスしていると、産道も柔軟に潤って痛みを和らげます。

2　夫婦仲良く円満な家庭は絶対条件

夫婦が仲良く円満な家庭は、妻の心が満たされ潤っています。心の状態は子宮口や産道にそのまま表れます。柔軟で潤いがあれば当然胎児が通過する際も必要なだけ楽に伸びて、傷つく事もありません。当然痛みも和らぎます。

3 陣痛が始まっても慌てない

しっかり締まっていた子宮口が全開するまでにはそれなりの時間が掛かります。慌てずに、むしろお産の前にすることをしっかりする位の余裕を持ちましょう。横になるより、家事など立ったりしゃがんだりする動作をすることで引力に逆らわない体勢を保つばかりでなく、痛みに囚われず時間を過ごせます。

4 陣痛のたびに、赤ちゃんに会える瞬間が近づいています

陣痛のたびに子宮口が開く事をイメージして決して逆らわず、むしろ協力する気持ちが大事です。もうすぐ赤ちゃんに会える瞬間が近づいています。心地よい緊張と充実感を持って、陣痛のうねりに身をまかせましょう。

5 周囲の人に「よろしくお願いします」という気持ちを

介助して頂く方に、これからの生活を支えて頂く夫や家族に、「よろしくお願いします～」と。自分もこうして産んでもらった事を思い「ありがとうございました～」と呟きながら、陣痛の波に合わせゆっくりと深く息をはきましょう。

感謝やお願いの気持ちは自然に頭が下がります。すると赤ちゃんも顎を引き産道を

通過しやすい体勢になります。

6　赤ちゃんが生まれても気を抜かず感謝の気持ちを忘れずに

胎盤が出るまでは気を抜かず、「ありがとうございました」と感謝の気持ちを忘れない。感謝は最後の後始末。産後の後始末（産後の経過）にも現れます。

十　お産は人生の通過点

苦しまずに安らかなお産で生まれた子供はその後の人生の様々な関門も、お産と同じようにすんなりと通過できるものです。

医学的には成熟した精子と卵子の結合によって生まれる命です。特別の異常がなければ二百八十日前後の子宮内での生活から、産道をくぐり抜けて一人の人間として生まれ出てくるのがお産です。

しかし産科医の池川明先生の『胎内記憶』の聞き取り調査と研究により生まれてくる時の記憶もハッキリとある子もいる事が判ってきました。

胎内記憶により人生は生まれたその日からというこれまでの常識を覆し、お産も人生の通過点として捉えられつつあります。私も六人の子供を育ててみて、お産は人生の最初の通過点であると捉えるようになりました。

人生には様々な通過点があります。進学や就職や結婚など人生が変わる通過点が幾つかあります。その大切な通過点の場面でお産の時の様子が再現される事が判りました。

私達夫婦にとって、長男以外の五人は夫の病やその他経済的にも困難極まりない中での妊娠でした。しかし「子供は親の都合に合わせて作る」という考えを改めました。「私達夫婦に育てる力があるから授かった」と前向きに進化して受け取れるようになりました。

この命に対する倫理観が無かったら、とても喜んで妊娠を受け止められなかったでしょう。

物事をネガティブな心配から、対策を講じるポジティブな心配りをすることを私達は選び「自己進化」を心掛けてきたのです。

「子供がもう一人増える」「四人の親になれる」「六人もの親になれる力がある」と、その時々をポジティブに受け止めてきました。

これは私達夫婦だけでも、身内の助言だけでもできなかったでしょう。感情に左右されない他人の客観的な厳しい指摘や助言をいつでも得られる環境があったからこそできたのです。

更には人間本来の営みであるお産を目指す具体的な日常生活の在り方を示す『無痛安産の書』という本との出会いがありました。

妊婦と赤ちゃんの力を最大限に引き出し、妊婦自身が納得のいくお産を目指す助産師との出会いもあって体験できたのです。

次男の出産は夫の健康を取り戻すきっかけになりました。三男の出産時はこれからの生活を支える夫の仕事の基盤を作るきっかけとなりました。四男の出産時には夫の独立を、五男の出産時には仕事の充実を。六男の時には一家八人が暮らせる広さの住まいをと願って前向きな生活を心掛け「自己進化」を心掛けて妊娠期間を過ごしてきました。

こうした生活状況の中で産まれた六人の子供達は成長と共に、次々に進学・就職・結婚と人生の関門である通過点を迎えました。

六人の子供達は皆それぞれに困難な中でも奨学金やアルバイトと自らの努力で目標に向かって関門を突破してくれました。

子供達の関門突破の姿は正に妊娠中の私達夫婦が困難な生活環境の中でもポジティブに捉え、「自己進化」を選択して通過点を乗り越えてきた結果でした。

その「自己進化」は間違いなく多くの出会いがあっての結果です。

本当に素晴らしい出会いのチャンスを頂けた事に感謝申し上げます。

第四章　遺伝子を変える子育て

一　子供を干渉し過ぎた私

かつて私は、子供は作るものと思っていました。作ったのですから当然私の物といった感覚でした。幼い我が子は何も分からない、正しい判断はできない。だから母親に全ての決定権も主導権もある。それが母親の愛情と思い込んでいました。

三歳を過ぎた頃から子供は親の言う通りや思い通りにならない事が増えてきます。子供ながら自分の意思をはっきり表現し始め、嫌な事は「イヤ！」と自己主張し始めるのはこの頃からです。

「成長の証」とは言われるものの、実際の生活では親の都合が優先されがちです。今思えば私も、自分の都合で「いい子」にも「困った子」にもしていました。

長男は六年間一人っ子でしたから、私の監視の目の中で育てました。「これはダメあれもダメ。こうしなさい。ああしなさい」と常に指示を出し続けていました。

ところが長男が四、五歳になり何でも一人でできるようになってからでも、私の許可を得てからでないとトイレにも行きません。

母親にとっては全てを把握しているのですから安心ではありました。しかしこのままでは指示待ちっ子になってしまうと思うことがありました。自分でその場の状況を判断できない子供になってしまうのではないかとも思うようになりました。

ちょうどその頃に第二子が産まれました。その後も次々と弟が産まれ、自然に母親の私の関心も監視の目も子供の数に反比例するように二分に一、三分の一、四分の一になっていったのです。

意識した訳ではありませんでしたが、長男に限らず我が家の子供達は自分で判断せざるを得ない状況の中で成長していったのです。

ある時保育園で先生に言われた事がありました。「品川さんのお子さんは自分の事は自分でできて良いですね。お着替えも一人ではできないお子さんが多いのに」

兄弟が多い事は自立心が自然に身に着くようです。そして状況を判断して行動する事も自然に身に着くのです。確かに兄弟が多くて我慢をさせられる場面も沢山あります。

しかし家庭内が小さな人間社会のようになって厳しさも悔しさも自分の思い通りに

ならない現実も日々体験しているのです。反対に兄弟を思いやりかばう事も、本来の人間が持っている様々な感情を体験しながら成長していく事ができるのです。

親は子供には「苦労させたくない、不自由をさせたくない」と思うものです。しかし過保護や過干渉になってしまい子供を支配してしまう事もあります。意識して子供を私物化しない親に「自己進化」したいものです。

二　子育てはメダカの学校

次男が保育園でお友達に嚙み付きます。ある日「お母さんがもっと愛情をかけてやってください」と若い独身の先生の言葉に「どの子にも愛情をかけています」と悔しくて涙がでました。

その頃は三男が生まれた直後でした。生まれたばかりの三男に、オッパイを飲ませている私の姿を次男はじっと見ていました。

私が九歳の頃母が亡くなり、新しい母が来てくれました。妹が生まれオッパイを飲ませる姿は、幸せそうでしたが羨ましくて、そしてかなり妬ましかったのを思い出しました。

きっと次男はオッパイを飲ませている私の姿を見て、同じような気持ちだったのでしょう。「ごめんね」と繋いだ手をぎゅっと握りしめました。

私を育ててくれた義母も、周囲の人達から「まま母」と言われてきました。悔し涙を流したあの頃の母の気持ちがやっと解りました。「お母さん、ごめんね。きっと私の何倍も悔しい思いしていたんだね」涙が流れました。

それ以来次男の嚙みつきはすっかりと姿を消しました。子を持って知る親の恩です。

子供は間違いなく親と同じ人生を歩んでいるのです。時代が変わっても、場所が変わっても、間違いなく親と子は、同じ人生を繰り返しています。これが遺伝子の為せる業なのです。

DNAという遺伝情報があり親と同じ事を子が繰り返します。親の子育て体験を子育ての過程で疑似体験できる。それは親の気持ちを知り「ごめんなさい・・」と「自己進化」するのに絶好の場を演出していると理解したら、子育ては親自身も人間性を磨き高めるためのチャンスにできるのです。

子育ては、親が導き教える先生となり、時に子に教え導かれる生徒にもなる「メダカの学校」なのです！

三　親も子も共に進化する子育て

次男三男四男と小学校に通うようになった頃の事でした。住まいも引っ越したばかりで子供達も転校してお友達もいませんでした。

私達夫婦は住まいから二キロ程離れた店舗で働いていました。私は五男と六男を保育園に預けて自転車で通っていました。夕方は二人を引き取って我が家に帰るのは五時過ぎでした。

小学校に通う三人は学童保育から帰ってくる時間には母親の私が帰る前で、いわゆる鍵っ子でした。

それでも暫くすると子供達にもお友達ができて、母親としてはホッとしていました。ところがある日突然、子供達の通う学校から電話がありました。

「お子さん達が万引きをしているので、明日の午後学校に来てください」と言われました。驚きのあまり「分かりました。伺います」と言うのがやっとで、心は穏やかではありませんでした。

　私自身の過去を振り返ってみましたが、思い当たる事はありませんでした。必ず何か訳があるはずと努めて穏やかに子供達の話を聞きました。

　話の内容は、引っ越して直ぐに友達ができた。学校から帰ると毎日、我が家の三人と一緒に遊んでいる。近くの駄菓子屋で万引きしているのは知っていた。俺達はしていないがその駄菓子をくれるので貰って食べていた。

　正直に話してくれた事にほっとしました。しかし、自分達は万引きをしなくても貰って食べたら共犯と言って同じ罪になる事を教えました。そして明日も今日と同じように先生に正直に話すことを約束しました。

　翌日の夕方三人の子供達と校長室に、お友達のお母さんは来ずにおばあちゃんが来ました。聞けば両親は離婚して母方のおばあちゃんと暮らしているとの事でした。お友達も含め子供達は正直に話してくれました。校長先生は「万引きは悪い事だと分かっていて、何故四人もいるのに誰も止めようと言わなかったのか。貰って食べても四人は同じ罪なのです」と穏やかではありましたがキツク言われました。

　私は何も言えませんでしたが、心の中では正直に話した我が子にホッとしていました。最後に「今回の事では校長先生始め先生方に大変なご迷惑をおかけして申し訳ありませんでした。しかし今回のことで、親も子供達もこれからの人生にとって大切な事を学ばせて頂きました。本当にありがとうございました」と深く頭をさげました。

校長先生は驚いたように「学校に呼び出されて、ありがとうございました。と言われたのは初めてです」とおっしゃってくださいました。男の子ばかり六人というので印象深く皆さんに注目されがちな我が家ですが、この出来事で更に学校の先生方に注目されるようになりました。

当時Jリーグができてサッカーが注目されている頃でした。幸いにも目の前にサッカー場があります。私達夫婦はこのままだと放課後の子供達に良くないとサッカークラブに通わせる事にしました。

振り返ると我が家の子供達は全員、団体競技であるサッカーを通して沢山の事を学ぶ事ができました。それが現在の子供達の生き方に大きく影響している事を思うと、あの時の万引き事件は我が家の大きなターニングポイントだったと思うのです。

四　喜んでする子育ての結果とは

六年ぶりに次男が授かりました。その時は夫の両親も私の両親も喜びました。その後、年子で三男が授かり、更に年子で四男が授かりました。その時は夫の両親も私の両親もかなり心配しました

心配している事は、それとなく感じられました。でも私は、「私のお腹にいらっしゃい、何人でも必ず育てます」そう誓っています。約束を破るわけにはいきません。夫も「俺が頑張れば大丈夫」と喜んでくれていました。楽ではないけど夫婦で力を合わせたらなんとかやれると前向きでした。

更に夫は、「子供が増えても生活できるように、独立しよう」そう言い出しました。私は「なんて頼もしい」そう思いました。

やがて月満ちて、いつものように安らかで幸せ一杯のお産ができました。子育ても四人目ともなれば落ち着いたもの。四男は手もかからずスクスク育ちました。

ある日の事、姑が四男を抱いて言いました。「こうして生まれれば可愛いもんだ」聞けば私の妊娠中に「生活が大変だから今回は諦めろ」と夫に何回も言っていたそう

です。

妊娠中に私がそれを知っていたら間違いなく姑を責め嫌っていました。そしたら四男は間違いなく「おばあちゃんなんか、嫌いだ！」そんな子になっていたでしょう。

私への夫の思いやりと優しさが、素直でおじいちゃんやおばあちゃんが好きな優しい子にしてくれたのです。四男の優しさを感じるたびに、夫の優しさと気遣いに感謝せずにいられません。

この四男が二歳の頃忘れることのできない事がありました。私達は小さな商店街にある古い二階建ての店舗に住んでいました。お向かいにパン屋さんがありました。子供達は保育園から帰るとパン屋さんでおやつを買い、仕事の終わるまで二階で遊びながら待っているのが毎日の生活でした。

その日も元気に、次男と三男と四男が揃って保育園から帰ってきました。次男のカバンを下ろさせ園児服を脱がせている時でした。

四男が向かいのパン屋さんに向かって飛び出したのです。私がハッとして振り向いたその時です。右手から来た大きなバイクに跳ね飛ばされたのです。

その瞬間を思い出すと今でも心臓がドキドキします。私の目の前で四男の体が道路に叩きつけられ声も上げず身動きもしません。

「バカ！　なにやってんだ！」と夫に怒鳴られた事だけ覚えています。我に返って気がついた時は救急車の中でした。全身の震えが止まりませんでした。

救急隊員の人に「大丈夫ですよ。大丈夫」と声をかけられました。横たわった四男がきょとんとした目で私を見ています。「全身を調べましたが腕にかすり傷があるだけです。頭を打っているかもしれませんから大学病院で調べてもらいましょう」救急隊員が優しく言ってくれました。

病院に着くまでの間、ある事を思い出しました。それはこの四男の妊娠が分かった時の事です。授かった事は嬉しかったのですが、舅や姑に反対される。それが正直とてもいやだったのです。

そう気づいたら「ごめんね！　ごめんね！」と病院まで私は涙が止まりませんでした。四男の手を握りしめ、病院に着く頃にはすっかり私も自分を取り戻すことができました。

結果はかすり傷だけで他には異常ありませんでした。後から分かったことです。四男がぶつかったのは運転していた大学生の脚だったそうです。「もし車体にお子さんがぶつかったらどうなっていたか分かりませんよ」と言われて驚きました。

大切なかけがえのないものは、いい加減な人には託さないのです。子供も間違いなく大切な命です。育てる力が私達夫婦に有るから授けられたのです。そう思えば大切に育てて社会に役立つ人間に育てようと改めて思いました。

喜んで産んで社会で役立つ人材に育てる子育てを教えられた『無痛安産の書』という本に巡り合わなければ、今こうした活動を続けている私はいませんでした。そして超少子化の現在に六人もの男の子が居るおかげで結構皆さんの記憶に残して頂けています。

私は新潟県の豪雪地域の農家で生まれました。子育ての大変さは、春の田植えの忙しさに秋の実りの喜びを知らぬと同じだと例えられていました。それには、なるほどと納得しました。七十年も前に現在のような時代が来ることを見据えて書かれた文章です。

幸いにも三十数年前にこの本に巡り合えて本当に私は幸せでした。

六人もの子供達が皆、それぞれに親の力を当てにせずに、親を遥かに超えた人生を自分の力で生きていける人間に育ってくれたのです。子育て中の我が家は扶養家族が多く非課税状態でした。

ある日の事でした。建築業をしている三男の税金の金額に驚きました。私達一家がこれまでお世話になった分を子供達が社会にお返ししてくれていると思いました。

我が子を将来の国を支える人材として育てる子育ては、密かな使命感とやりがいのある名誉な働きと思ってきました。それが実感でき親として最高の慶びと誇りに思えました。

五　男でも女でも喜んで

「男の子が六人です」と言うと、ほとんどの人は「女の子が欲しくて頑張ったの?」と聞きます。そんなことはありません。

卵子と精子が一体になったその時に男女が決まるそうです。もしも女の子であっても知らずにお母さんが、男の子と願い続けたらどうでしょう。お腹の赤ちゃんはお母さんに喜ばれるように男の子になりたいと思うでしょう。それが男っぽい女の子になるそうです。

父は小学生の私に言いました。「お前が男なら・・」それは私にとって嬉しいことではありませんでした。「女で悪かったね!」と心の中で私は悲しくて叫んでいました。

授かった赤ちゃんは、男の子は男らしく女の子は女らしくなって欲しいです。だから私は男の子でも女の子でもいいとずっと思ってきました。

我が家が男の子四人になった頃です。家が狭くなり、仕方なく三段ベッドを買いました。これがジャングルジムと化してしまいました。登り・飛び降り・ぶら下がる。お友達まで参加して大変な騒ぎです。

当時はアパートの二階でした。毎日一階のお宅から苦情です。いくら叱っても子供達は騒ぎ出したら止まりません。おまけに窓からオモチャを落っことし、大事な盆栽の枝を折ってしまいました。

毎日毎日お詫びの繰り返しでした。さすがの私もノイローゼ気味になりました。私達夫婦は、男の子が騒いでも他人に迷惑のかからぬ一軒家を探すことにしました。手持ちのお金は全くありませんでしたが、必要なものは与えられるものです。なんと敷金も礼金もなしで、望み通り男の子が騒いでも他人に迷惑の掛からぬ一軒家が借りられることになったのです。

それは与えられたと言うより他に言いようがありません。家だけではなく、洋服や靴から勉強机まで必要なものは知り合いの皆さんが譲ってくださいました。

私達はいつも授かった「命」は男でも女でもいいと思ってきました。男の子ばかりだった事が幸いした事も確かでした。後に家系図を作り家の歴史を調べてみて気づいた事がありました。理由は様々でしたが男子の死が多い家系だった事が判りました。

私があの水子供養の際「産まれてこられなかった皆さんが私のお腹に宿るならば、喜んで産んで育てます」と誓った思いが通じたのだと思っています。

そして六人の子供は皆、困難な状況の中でも喜んで前向きに取り組む「自己進化」を心がけて産み育ててきました。今しみじみとその子供達は困難な問題にもそれぞれに前向きに取り組んでそれぞれの進化を続けています。「胎境」の重要性を実感するこの事実は親にとっても大きな喜びです。

子育ては親だけでなく、偉大な力で親も子も生かされ「進化」を続けて成長しているのです。男の子でも女の子でも訳あって授けられた命です。

六　己が生かされている目的

子育ては一方的に親が子供にしてやる行為ではなく、子育てによって親自身も人間として成長できると前向きに受け取れれば、子育てもかなり有意義になってくるものです。

と言っても特別な事ではなく、人間社会の一員として、それなりのポジションで、それなりの役割を果たせる人間になってくれるように育て上げるのが子育てだと思います。

もうずいぶん前のことでしたが、自分の存在と果たす役割について考えさせられた飛行機事故がありました。

那覇空港だったと記憶していますが、着陸直後の飛行機のエンジンから火の手が上がりました。乗客は乗務員の即座の対応で滑り下りるように緊急避難脱出しました。着陸後の出来事でしたから、怪我人は出たものの大事には至らずに済みました。

数ヶ月後、私は偶然にも事故調査報告のニュースを見ました。出火はエンジンを止めていた一つの金具が外れていた事が原因だったと伝えていました。

たとえ小さな金具一つであっても必要があって存在しているのです。その役割を果たさない事が大事故の引き金になっていたのです。

この飛行機事故から、たとえ小さな一つのネジのような自分であっても、自分の果たすべき役割はできる限り果たさなければ、思いもよらぬ迷惑やとんでもない事に繋がると意識して生活するようになりました。

家庭では妻として母としてまた嫁として、職場でも地域でも、その時々の果たすべき役割はできる限り果たそうと「自己進化」した考えになりました。

そして飛行機事故から学んだ事とは、過去の自分や親が知らぬが故の失敗や間違いから学ぶ姿勢を心掛けて、親として我が子に希望を持つ分は更に進化していける自分を目指したいものです。

鳶は鷹を産みません。オタマジャクシは鯰にはなりません。しかし鳶の自分が鷹を目指し鷹の生活をする時に、我が子が鷹になります。オタマジャクシであっても鯰を目指し鯰の生活をしている時に、鯰にもなります。

我が子が鷹にも、鯰にもなることを皆さんでお試しください。

その努力の結果は必ず我が子に現れます。貴方の「自己進化」がＤＮＡを変えるのです。

七　一歩一歩を積み上げて生きる

長男が就職したら一家で揃って出掛けることも難しくなる。その前に是非家族でと、富士山へ出かけることになりました。しかし残念ながら八合目の山小屋で仮眠、目覚めると本降りの雨でした。六男が三年生と小さかったこともあって、やむなく登頂を断念しました。

しかし一度は登頂したいと六年前に職場の友人を誘って再挑戦しました。ところが最初の挑戦から九年も経って私の体力が衰えていた事に気づきませんでした。

結果は九合目の山小屋でギブアップしてしまいました。八合目を過ぎると酸素も薄くなって高山病に。「こんなに苦しい思いは二度としたくない！」と思い下山して、五合目まで戻って山頂を見上げると悔しさがこみあげてきました。

諦めきれず翌年にまた富士山頂を目指すことにしました。理由はたとえ遊びであっても目的を達成するまで諦めたくない。「途中で投げ出す遺伝子を子供達に残したくない！」という強い思いからでした。

実はその頃二人の息子がある資格試験に挑戦中だったのです。幸いにも我が家は十階建ての九階でしたから、一ヶ月半の期間をかけて、非常階段を上り下りして毎晩訓練を行う事にしました。

ゆっくりと深く息を吐く事を心掛けて上り下りしました。十日目頃からは自然に腹式呼吸でリズミカルに深呼吸をして上り下りができるようになりました。

最初は筋肉痛で大変でしたが次第に慣れてきて筋肉痛もなくなってきました。そんな練習を繰り返す中で「これだけ練習して身体も鍛えたのだから、今度は必ず登頂できる」と確信が持てるようになりました。

実際にその後、ゆっくりと深い呼吸に合わせて小さな一歩一歩を繰り返し積み上げることで二回の登頂を果たせました。そしてこの経験は、富士登山に限らず様々な目標を達成する際に心掛けるようになりました。

そして勿論、我が家の子供達もそれぞれに目標を達成する事ができました。今考えますと子供達のお蔭で親である私達が、いつも前向きに進化する事ができていたのです。

これが今回の、子育ての過程でＤＮＡを変える「自己進化」の勧めを提言せずにいられなくなった理由です。

後書き

出版が決まってからの最近の事件のニュースを聞くたびごとに、犯人と呼ばれる人の両親や家族の人達や全ての当事者の皆さんが、もし「妊娠中の母親の生活や心境の影響を知っていたならば・・」、と思わずにはいられません。

そして何とか子供を思い通りにしたいと願う親心と、親の思いや願いに反抗する子供達との大きな隔たりを感じます。この対立する親子関係の始まりは、妊娠を喜んで受け入れる親子関係であったか?に端を発している事を皆さんは気づいていません。

そして対処法は、親自身が変わらなければいけないことも知らぬが故に、結果的に子供を追い込み自暴自棄へと走らせてしまっていることが共通点としてあります。

特に勝ち組と言われる親達が忙しい日々の生活の中で気づくことのないまま、陰で苦しむ子供達の存在、自分が生きている事の意味さえ解らず自暴自棄に陥っている多くの子供達の姿に心が痛みます。

そんな親子関係に、少しでも刺激を与え希望を持って頂きたい、そんな思いが益々強くなってきました。その唯一の方法として「自己進化」を皆さんに試してみてくださいと、声を大にして伝えたいと思っています。

そして今この本をまとめた事で私自身が、更に自己進化せずにいられない、そんな状態に感謝せずにはいられません。

また長年の念願が叶って今回は本を出版するチャンスを頂きました事に、心から感謝します。これまでの長年の子育て活動の中で出逢った先生方や多くの人々との出会いがあり、様々な事例から多くの事を学ぶことができました。

そして忘れてはならない家族の協力があったからこそ得られた体験の数々でした。こうして公表する事に少なからず抵抗は感じていることでしょう。それでも快く協力してくれました。

最後になりましたが、母親の私と子供達の密接な関係を解き明かす事ができましたのは、六人の子供達の存在を知った時に一度も否定せずに喜んで受け入れてくれた夫の存在無くしてはあり得ませんでした。

その全ての方々に今、心からの感謝を込めて、ペンを置くことにします。

ありがとうございました。

参考文献

『無痛安産の書』丸山敏雄　一九五三年　新世書房
『ママ、さよなら。ありがとう』池川明　二〇〇八年　二見書房
『胎内記憶』池川明　二〇〇八年　角川SSコミュニケーションズ

著者プロフィール

品川 登紀子（しながわ ときこ）

昭和29年、新潟県出身。

貧しい農家の生まれで、高校進学の希望を親に言えず、給食調理の仕事をしながら通信制高校を卒業。

その後上京して結婚。

夫の病がキッカケとなり、民間の社会教育団体である一般社団法人倫理研究所の会員となり生活倫理（純粋倫理）を学ぶ。

６人の出産と子育てを通して、母親と子供の目に見えない繋がりや胎教の影響について実験と分析を重ねる。その結果、出産や子育ての重要性を感じ、地域の子育て活動を三十年続けている。

現在は、地域活動の会長職を務めている。

人生を切り開きDNAを変える自己進化の勧め

子育てで遺伝は変えられる

2019年11月15日　初版第１刷発行
2023年７月５日　初版第３刷発行

著　者　品川 登紀子
発行者　瓜谷 綱延
発行所　株式会社文芸社
〒160-0022　東京都新宿区新宿1－10－1
電話　03-5369-3060（代表）
03-5369-2299（販売）

印　刷　株式会社文芸社
製本所　株式会社MOTOMURA

ISBN978-4-286-21100-8